A Inquisição Portuguesa: A História da Perseguição Religiosa do Império Português aos Não Cristãos em Portugal e na Ásia

Por Charles River Editors

A sede palaciana da Inquisição de Goa

Introdução

Um banner da Inquisição de Goa

A Inquisição Portuguesa

"Goa é tristemente famosa pela sua inquisição, igualmente contrária à humanidade e ao comércio. Os monges portugueses fizeram-nos acreditar que o povo adorava o diabo e foram eles que o serviram ". - Voltaire

Em meados do século 15 o Império Bizantino entrou em colapso e as várias Cruzadas que aconteceram na região interromperam em grande parte as rotas terrestres da Rota da Seda e do comércio. Para agravar as dificuldades do comércio, estava a ascensão do Império Otomano no lugar dos bizantinos e a eclosão da Peste Negra na Europa.

Foi mais ou menos nessa época que começou um período de exploração europeia, e os principais fatores que contribuíram para esse período de exploração foram introduzidos pelos chineses, embora indiretamente. A bússola magnética já havia sido desenvolvida e usada pelos marinheiros chineses desde o século 12 , embora tivesse sido criada no século 3 AC como um dispositivo de adivinhação. A Dinastia Song então começou a usar o dispositivo para navegação terrestre no século 11 e os marinheiros começaram a usá-la logo depois. A tecnologia se espalhou lentamente para o oeste por meio de comerciantes árabes, embora outra história possa ser contada sobre a criação europeia da bússola (Southey 1812: 210). Independentemente disso, por volta do século 13, a bússola encontrou seu valor nas mãos dos comerciantes ocidentais, surgindo em um momento em que o comércio estava aumentando em toda a Europa.

O comércio pôde aumentar na Europa em todo o mundo devido à introdução de navios mais eficazes, e algumas das melhorias feitas nos navios foram introduzidas pela primeira vez pelos chineses. A introdução de navios com múltiplos mastros e leme de popa permitiu que os navios viajassem mais rapidamente e fossem mais manobráveis. No início do século 15, os navios eram muito maiores e capazes de suportar viagens de longa distância com um número mínimo de tripulantes a bordo.

Com isso, os portugueses passaram a explorar a costa oeste da África e o Atlântico sob as ordens do Infante D. Henrique, o Navegador. Neste ponto, os europeus ainda não eram capazes de navegar completamente em torno da África, uma vez que os navios em construção ainda não eram totalmente capazes de navegar muito longe da costa e a navegação em águas abertas era difícil, mas os portugueses continuaram a empurrar os navios para a costa oeste da África procurando maneiras de contornar os otomanos e muçulmanos da África que vinham dificultando as rotas de comércio terrestre. Em 1451, o Infante D. Henrique ajudou a financiar e desenvolver um novo tipo de navio, a caravela, que apresentava velas latinas triangulares e que era capaz de viajar em mar aberto e navegar contra o vento.Em 1488, Bartolomeu Diaz contornou o extremo sul da África, batizado de Cabo da Boa Esperança pelo Rei João de Portugal, e entrou no Oceano Índico pelo Atlântico.

Um explorador, Cristóvão Colombo, procurou financiamento dos portugueses para procurar uma passagem para a Ásia navegando para o oeste, mas foi rejeitado. Nesta época, no final do século 15, o domínio de Portugal das rotas marítimas da África Ocidental levou a vizinha Coroa de Castela e os monarcas católicos da Espanha moderna a procurar uma rota alternativa para o sul e leste da Ásia (denominado Índias) , então eles forneceram a Colombo o financiamento de que ele precisava. Por fim, Colombo descobriu as Américas em 1492, e os assentamentos espanhóis nas "Índias Ocidentais" acabariam sendo estabelecidos.

É claro que, quando ficou claro que Colombo não tinha chegado na Ásia, todos entenderam que essa não era necessariamente a rota que os europeus estavam procurando, e os portugueses continuaram a enviar exploradores ao redor do Cabo da Boa Esperança na tentativa de alcançar as Índias Orientais.Após uma viagem de dois anos, em 1499, Vasco da Gama conseguiu chegar à Índia e regressar a Portugal.

Os portugueses encontraram acesso às regiões comerciais que procuravam, mas navegar de Portugal para a Índia e além exigiria muitos recursos para viajar de uma vez. Para remediar este problema, Portugal começou a estabelecer uma série de fortes e feitorias ao longo da rota. Os portugueses conseguiram estabelecer um forte na costa oeste da Índia, o Forte Manuel, em 1500, e em 1505 um forte foi erguido na costa da Tanzânia, iniciando assim uma tendência de colonização europeia na África e na Ásia que duraria pelo próximos 400 anos.

O caminho para a era moderna de harmonia e aceitação cultural é um dos melhores feitos do progresso humano, mas, dito isso, houve um tempo em que a mera dúvida da existência de uma figura religiosa não era apenas punível por lei, mas poderia muito bem custar a vida de um homem. Este era o crime de heresia. Esse tipo de perseguição religiosa existe há milhares de anos, e os cristãos costumavam ser as vítimas, mas quando a Igreja Católica começou sua rápida expansão pela Europa durante a Idade Média, a situação se inverteu. Em 1184, o Papa Lúcio III emitiu uma bula papal que daria início a uma longa tradição de caça aos hereges e, como resultado, a Era das Inquisições começou.

Em uma reviravolta de eventos, os perseguidos se tornaram os perseguidores. A partir de então, a Igreja Católica Romana assumiu a responsabilidade de manter tribunais, ou cortes judiciais, em uma missão para exterminar a heresia de uma vez por todas. Acredita-se que essas inquisições, que assolariam a Europa por séculos, viram centenas de milhares de pessoas perseguidas por crenças que iam contra a Igreja. Uma parte surpreendente deles seria brutalmente torturada e enviada para a morte, e conforme os impérios católicos se expandissem pelo mundo, a perseguição os acompanharia.

A Inquisição Portuguesa:História da Perseguição Religiosa do Império Português aos Não Cristãos em Portugal e na Ásia examina como surgiu a Inquisição e como as pessoas foram perseguidas por ela ao longo de vários séculos. Juntamente com fotos de pessoas importantes, lugares e eventos, você aprenderá sobre a Inquisição Portuguesa como nunca antes.

As Primeiras Inquisições

"Quando você ouvir qualquer leigo falar mal da fé cristã, defenda-a não com palavras, mas com a espada, que você deve cravar em sua barriga o mais profudamente que puder."- Papa Gregório IX

A discriminação religiosa, embora não completamente extinta hoje, é algo que muitos acham intolerável, mas houve uma época em que era sancionada pelas mais altas autoridades. A perseguição daqueles que não aderiam às crenças religiosas do governo não foi apenas uma vez considerada comum, mas considerada um dever cívico.

Algumas das primeiras perseguições associadas ao Cristianismo remontam a 64 DC em Roma. Naquele ano, um terrível incêndio causou estragos em Roma por cerca de uma semana, consumindo mais de 75% da cidade. Não muito depois, um palácio luxuoso foi erguido no local do incêndio.As pessoas enfurecidas acusaram o imperador Nero de ser o incendiário, e eles acreditaram que ele havia incendiado a cidade para sua própria alegria. Ao ouvir o clamor furioso do povo, Nero desviou a culpa para os cristãos, culpando-os pelo incêndio e ordenando que fossem presos e executados. Centenas de cristãos foram mortos de forma bárbara, alguns queimados vivos e outros destroçados por cães famintos por carne.

Um busto de Nero

Nos séculos seguintes, os cristãos em Roma foram continuamente perseguidos. Os romanos pagãos criticaram os cristãos por se recusarem a se prostrar aos deuses romanos e ofenderam-se com a resistência dos cristãos em oferecer presentes e sacrifícios ao imperador romano, que também era considerado um ser semidivino. Além disso, ignorantes de seus costumes, as autoridades - talvez interpretando mal os ritos da Eucaristia e do ágape cristão - os acusavam de participar de incesto e canibalismo.

A perseguição naqueles dias não se limitava apenas aos cristãos. O senado romano também condenou os cultos das divisões romanas e gregas, incluindo os seguidores de Baco e da Magna Mater. Os bacanais eram alvo de sua turbulência e inclinação para a violência, enquanto o último era servido por "padres que se castravam" que incentivavam "música e dança bizarras". Esses cultos foram estigmatizados por serem rudes e "não romanos"."Em Roma seguimos as leis de Roma", como se diz.

No entanto, o século 4 houve uma grande mudança no poder.Em 312 DC, o imperador Constantino I se tornou o primeiro imperador romano a se converter ao cristianismo. Constantino pediu o fim da perseguição cristã e o catolicismo logo se tornou a religião dominante em todo o país.

No início da Idade Média, a Igreja Católica Romana havia se tornado uma força inflexível de autoridade na Europa. Os habitantes da cidade, consistindo de uma população em grande parte católica, concordaram com as autoridades que os hereges ameaçavam trazer a ruína final para a sociedade, e houve amplo apoio quando as autoridades procuraram livrar a doença da heresia de suas comunidades.

Imagem de Jean-Christophe Benoist de um busto de Constantino, o Grande

A primeira das inquisições, também conhecida como Inquisição Episcopal, começou em 1184. Naquele ano, o Papa Lúcio III emitiu uma bula papal que ele batizou de "Ad abolendam". O nome latino, que significava "com o propósito de acabar com", fazia exatamente isso.Bispos locais, ou episcopais, eram enviados às suas respectivas dioceses duas vezes por ano para caçar hereges.

Um retrato de Lucius III

Os que estavam no topo da lista eram os cátaros do sul da França (especialmente em Tolouse), que acreditavam no blasfemo "dualismo". Os cátaros pregaram sobre um Deus bom, que criou o mundo espiritual, e um Deus mau, que criou o mundo materialista. Como estavam acostumados a aderir a um estilo de vida estrito de pobreza e castidade, sua recusa veemente em fazer juramentos enfureceu as autoridades governamentais.De 1208-1218, 15.000 cátaros teriam perdido suas vidas no processo.

Nas regiões vizinhas da Alemanha e norte da Itália, os bispos treinaram seu foco no movimento valdense. Os valdenses eram leigos ortodoxos, ou membros não ordenados da igreja, que expressaram seu desgosto pela crescente riqueza e influência da Igreja Católica. Embora a seita compartilhasse da crença da Igreja de que existe apenas um Deus, os valdenses protestaram contra a celebração dos santos e mártires do passado. Eles não acreditavam na necessidade de reunir um grupo especial de homens para os deveres do sacerdócio; em vez disso, eles acreditavam em um único corpo a que se referiam como o "sacerdócio de todos os crentes".

Em 1216, São Domingos de Guzman estabeleceu a Ordem dos Pregadores, inspirado após uma viagem ao sul da França cheio de heresias. Ele reuniu um pequeno grupo de mulheres convertidas, conhecidas hoje como freiras dominicanas, que tinham a tarefa de pregar e orar pelo povo em nome da ordem dominicana.

Essas primeiras inquisições primitivas foram realizadas em vários graus, com historiadores se referindo à época como assistemática e desorganizada. Na verdade, as autoridades ficaram preocupadas quando mais e mais aldeões começaram a queimar supostos hereges sem a realização de um julgamento adequado. Temendo o caos causado pelas inquisições não regulamentadas e o aumento da violência, o papa residente, Gregório IX, procurou consertar o sistema. Em fevereiro de 1231, o papa Gregório IX instituiu uma lei romana declarando que os hereges processados e condenados pelo tribunal da Igreja teriam sua "punição devida". A punição, como declarou o papa, seria prisão perpétua para o arrependido e imolação para o obstinado e impenitente. Este foi o início do que hoje é conhecido como Inquisição Papal.

Uma representação do Papa Gregório IX

As inquisições, que inicialmente concentraram seus esforços na eliminação dos cátaros e valdenses, logo ampliaram seus escopos. Eles estavam agora à procura de heresia em qualquer nível, o que incluía alvejar aqueles de crenças religiosas diferentes ou ligeiramente conflitantes, blasfemadores e as chamadas bruxas. O papa formou uma equipe especialmente treinada de "inquisidores papais", principalmente padres dominicanos e franciscanos, e os distribuiu por toda a Europa.

O papa Gregório IX esperava trazer um ar de legalidade e organização às inquisições, garantindo que o poder de perseguir os hereges não estivesse mais com os bispos locais, mas com o papado. A partir de então, os hereges foram convocados ao centro da Inquisição, onde seriam interrogados por funcionários treinados com uma série de perguntas pré-aprovadas pelo próprio papa. Também sob as instruções do papa, os inquisidores agora deviam manter documentos detalhados de seus interrogatórios, bem como arquivos dos hereges acusados. A organização renovada era evidente, como fica claro pelo fato de que a maioria dos registros históricos da Idade Média consistem em testemunhos dos hereges da Inquisição Papal.

Quando a heresia fosse investigada em uma área específica, um par de inquisidores seria nomeado para lidar com o interrogatório e o tribunal seguinte. Embora alguns inquisidores fossem conhecidos por serem mais tolerantes e caracterizados como "homens de misericórdia", havia aqueles que faziam mais do que contornar as regras. Esses inquisidores infligiram métodos criativos de tortura aos acusados, forçando-os a confessar para serem jogados atrás das grades.

Inevitavelmente, a natureza coercitiva de tais métodos mórbidos garantiu que parecessem mais eficazes. Em 1252, o Papa Inocêncio IV sancionou formalmente a tortura como meio legal de "extrair verdade e informação" dos suspeitos. As pessoas começaram a fugir ao avistar os inquisidores, enquanto os bravos foram forçados a mover suas operações religiosas heréticas para a clandestinidade. Compreensivelmente, muitos começaram a desprezar os inquisidores do Sacro Império Romano; no final do dia, eles possuíam o poder de excomungar e pedir a morte de qualquer pessoa que considerassem conveniente. Nem mesmo a realeza estava isenta.

Um retrato contemporâneo do Papa Inocêncio IV

O papa e seus associados estavam convencidos de que os tribunais eclesiásticos seriam suficientes para, em certo sentido, amedrontar os hereges e opositores a aceitar o que eles acreditavam ser a única religião verdadeira. Por outro lado, os hereges sem remorso que foram considerados causas perdidas seriam executados imediatamente. Isso, acreditava o papa, era uma necessidade, a única maneira de manter a pureza dentro da Igreja e da sociedade, e essas primeiras inquisições papais moldaram a base para as futuras inquisições que viriam.

Na metade do século 14, a Europa se viu cara a cara com uma das doenças mais mortais já conhecidas pela humanidade. Em outubro de 1347, saudosistas e simpatizantes migraram para o cais siciliano de Messina. Uma frota de uma dúzia de navios estava estacionada perto do porto, tendo acabado de chegar de uma longa viagem pelo Mar Negro, mas quando os navios ficaram assustadoramente parados, transeuntes preocupados embarcaram nos navios para dar uma olhada.

O que eles viram chocou até os capitães mais experientes. Quase todos os tripulantes dos navios estavam mortos. Havia alguns que estavam vivos, mas por pouco, atingidos por uma doença misteriosa e horrível. Alguns ficaram completamente paralisados de suas febres escaldantes, enquanto outros convulsionaram incontrolavelmente e uivaram de dor, incapazes de manter a comida em seus estômagos. O mais alarmante de tudo eram as dezenas de pústulas pretas horríveis e pulsantes que brotaram nos corpos dos homens, liberando bolsas de sangue e pus nunca vistas. Um nome logo se colou à doença debilitante: a "Peste Negra".

Uma ilustração medieval retratando pessoas com a praga sendo abençoadas

Uma representação medieval de vítimas da peste sendo enterradas

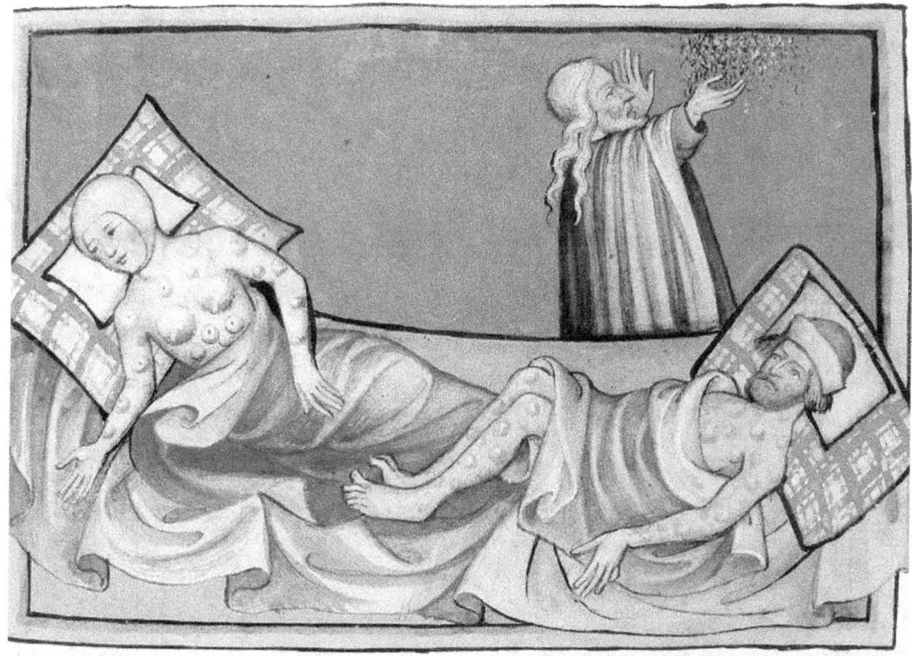

Uma ilustração da Bíblia do início do século 15 que se acredita retratar a praga

As autoridades se esforçaram para devolver esses "navios da morte" de volta ao mar, mas o estrago já havia sido feito. Neste ponto, os europeus tinham ouvido apenas histórias vagas de uma doença semelhante, chamada de "Grande Pestilência", que estava devastando as regiões da Ásia e do Norte da África, mas dado o estado quase inexistente de comunicação internacional na época, essas histórias forneciam pouco a nenhuma informação sobre como suprimir a doença.

Giovanni Boccaccio, um poeta italiano, registrou descrições dos aflitos. Os piores furúnculos latejantes, alguns do tamanho de ovos e outros "do tamanho de uma maçã comum" pelas virilhas ou axilas. Acompanhado por esses "furúnculos de peste" detestáveis estavam os sintomas indesejáveis de calafrios, diarreia intensa, dores intensas e, por fim, morte. As autoridades nunca tinham visto uma doença tão terrivelmente contagiosa, propagável apenas pela respiração de ar contaminado e "o simples toque de roupas". Aqueles que foram encarregados de limpar e manusear os corpos empilhados não usavam equipamentos de proteção, então eles foram completamente expostos às bactérias da praga, contribuindo assim para a propagação da doença.

Uma representação da peste em Florença, conforme descrito pelo Decamerão

Uma representação medieval de Boccaccio e outros florentinos fugindo da praga

As pessoas em pânico ficaram desesperadas, dispostas a recorrer a qualquer coisa para se curar da doença. As medidas mais extremas foram aquelas tomadas pelos flagelantes religiosos. Acreditando que de alguma forma haviam irritado a Deus, eles se chicotearam e se espancaram repetidamente na esperança de mostrar seu remorso e escapar da doença mortal. Claro, essas medidas não foram úteis. No final das contas, cerca de 20 milhões morreram em um período de 5 anos, o que era equivalente a quase um terço da população do continente inteiro.

A Peste Negra foi eventualmente contida, mas o que veio depois foi apenas mais miséria. Devido à redução drástica da população de agricultores, as pessoas famintas enfrentaram uma escassez de alimentos, e a escassez de alimentos abriu o caminho para uma inflação inevitável nos preços dos alimentos, que levou os pobres a uma pobreza ainda maior. Em certas cidades inglesas, os preços dos alimentos dispararam, com o pão e os alimentos básicos custando quatro vezes o preço original.

Com o compreensível clamor do público, as autoridades precisavam de alguém para culpar.Inicialmente, a causa da Peste Negra foi considerada uma punição direta de Deus. Houve quem argumentasse que Deus estava punindo a Igreja Católica corrupta. Alguns atribuíram a ira de Deus à guerra aparentemente incessante e ao conflito que assolava a Europa. Outros insistiram que Deus estava descontente com eles por não terem expulsado os muçulmanos da Terra Santa.

Eventualmente, as autoridades encontraram um novo bode expiatório: os judeus. As autoridades notaram que a doença afetou apenas levemente ou quase não apareceu em algumas cidades. Essas eram as cidades que abrigavam muitos membros da comunidade judaica. As autoridades europeias começaram a abraçar a ideia, convencendo-se de que haviam localizado a origem de seus problemas. Muitos começaram a pregar que era seu dever converter, evitar ou eliminar os judeus, tudo para manter a sociedade intacta.

Na época, os europeus não conseguiam compreender por que as vítimas judias morriam a apenas "metade da taxa" de suas contrapartes cristãs, ao passo que os historiadores de hoje associam a maior taxa de sobrevivência das comunidades judaicas às práticas sanitárias de seus costumes tradicionais. Enquanto os membros não judeus da sociedade na Europa podiam passar décadas sem nunca lavar as mãos, os judeus eram obrigados pela lei religiosa a se manterem limpos o tempo todo. Eles foram instruídos a lavar bem as mãos várias vezes ao dia, inclusive antes das refeições, após contato humano "íntimo" e após as idas ao banheiro.

Outro fator importante a se considerar era a maneira como os judeus lidavam com seus corpos. Enquanto o público em geral persistia no hábito de deixar corpos crivados de doenças apodrecendo expostos antes de enterrá-los, a lei judaica exigia o enterro imediato. Além disso, no espírito da chevrah kadisha, a sociedade fúnebre formal judaica, os corpos eram primeiro devidamente limpos antes de serem baixados à terra.

Havia razões muito práticas para os judeus se saírem melhor, mas os não judeus eram incapazes de entendê-los ou aceitá-los, então outra teoria logo surgiu. Em vez disso, a explicação era que os judeus, que os cristãos descreveram como agentes de Satanás, queriam destruir as comunidades católicas de dentro para fora. Eles foram acusados de envenenar os poços de bebida, e o resto do mundo se uniu para retaliar os judeus, seu ódio por eles crescendo constantemente.Vários papas tentaram instituir proclamações afirmando que os judeus não deveriam ser culpados ou perseguidos, mas foram ignorados.

O ódio unido aos judeus trouxe uma série de pogroms. Em 1349, perto do fim da Peste Negra, os horrores começaram. Naquele ano, todos os membros de uma aldeia judia com base em Basel, na Suíça, foram presos e queimados vivos. Outras comunidades judaicas que residiam nas cidades de Augsburg, Nurnberg, Munique e outras foram expulsas ou executadas. Moradores de uma comunidade judaica em Worms, Alemanha, foram condenados pelas autoridades a queimar na fogueira. Diante de um destino imutável, 580 desses residentes tentaram resolver o problema com as próprias mãos e incendiaram suas casas antes que as autoridades pudessem chegar até eles.

A comunidade judaica em Mainz tentou se defender, matando pelo menos 200 de seus atacantes cristãos, mas a vingança dos cristãos foi rápida e brutal. Em 24 de agosto do mesmo ano, 6.000 judeus perderam a vida. Em 1351, um ano após o fim oficial da Peste Negra, as comunidades judaicas na Alemanha e nas regiões dos Países Baixos eram praticamente inexistentes, mas a destruição violenta e o banho de sangue continuaram por mais quatro décadas. Para colocar em perspectiva, a população judaica em Frankfurt foi estimada em cerca de 19.000 em 1350, mas meio século depois, a população tinha diminuído para míseros 10.

O que realmente causou a Peste Negra? Até recentemente, acreditava-se que a peste bubônica vinha de pulgas doentes que pegavam carona nas costas de roedores. Embora isso já tenha sido contestado (alguns cientistas sugerem que o verdadeiro culpado é o ar), está claro que a doença certamente não se originou de nenhum grupo específico de pessoas.

No final do século 14, a desconfiança e o preconceito contra as comunidades judaicas rapidamente se espalharam para a Espanha. Em 1391, Jaime II de Aragão embarcou no trem; apoiado em um canto pela Igreja Católica Romana, ele estabeleceu uma lei que proibiu completamente os judeus da Espanha. Os judeus foram evitados em massa e os restantes receberam um ultimato para converter-se / voltar ao catolicismo ou enfrentar a morte imediata.

Um retrato contemporâneo de James II de Aragão

Ainda outra onda de massacres sangrentos se seguiu.Nos últimos quatro séculos, a cidade de Barcelona havia servido como o ponto central das comunidades judaicas. Em apenas 3 anos, todos as 23 sinagogas judaicas em Barcelona tinham sido demolidas à força. Nada além de cinzas e restos carbonizados no lugar.

Em 1394, comunidades judaicas em Barcelona, Toledo, Sevilha e Perpignan não eram nada mais que uma memória. O que restava dos judeus espanhóis deram o melhor de perseverar.Eles arrecadaram dinheiro suficiente para subornar autoridades e praticaram sua fé em sigilo até o século 15.

O século 15 marcou uma virada crucial para judeus e cristãos espanhóis. A conversão dos judeus havia se tornado o principal objetivo da Igreja Católica, e eles estavam determinados a fazer isso acontecer. Para fazer isso, a Igreja Católica confiou amplamente em desertores judeus, também conhecidos como apóstatas ou conversos, para cumprir a causa. Entre esses apóstatas estava o rabino Solomon ha-Levi. Originário de Sevilha, o rabino tornou-se uma espécie de ícone e era muito respeitado pelas comunidades judaicas. Após a conquista da Barcelona judaica em 1391, no entanto, ele, junto com sua esposa e filhos, foram publicamente convertidos ao catolicismo. O ex-rabino se autodenominou Paulo de Burgos.

Paulo de Burgos

Solomon ha-Levi, agora Paulo de Burgos, foi um dos exemplos mais notáveis de converso. Este era o termo dado a qualquer indivíduo de fé judaica ou muçulmana que tivesse se convertido ao catolicismo. Enquanto alguns conversos foram coagidos à conversão, outros, como ha-Levi, se converteram voluntariamente. Este foi um rótulo dado não apenas à geração dos convertidos, mas também herdado por seus filhos e descendentes.

Os conversos se orgulhavam de ser uma nova geração de cristãos. Embora fossem de ascendência judaica, eles abraçaram a "verdadeira" religião católica. Houve até mesmo quem alegou que os conversos tinham uma conexão mais profunda com Deus e eram simplesmente melhores do que os "Cristãos Velhos". De acordo com os conversos, como judeus, eles eram relacionados por sangue a Cristo.Um bispo converso chamado Alonso de Cartagena era conhecido por recitar uma versão aprimorada da oração "Ave Maria". Enquanto orava, ele constantemente se referia a Maria como "Mãe de Deus e minha parente de sangue".

Em 1478, o rei Ferdinand e a rainha Isabella criaram o Tribunal do Santo Ofício da Inquisição - em suma, a Inquisição Espanhola. Os monarcas viam a inquisição como crucial por várias razões. Isabella tinha apenas retomado o trono para Castela dois anos antes, e ela encontrou-se envolvida em conflito com a rainha de Portugal, Juana la Beltraneja. O apoio francês e português de Beltraneja significou que um trio de forças estava trabalhando ativamente para derrubá-la. Isabella esperava combater isso centralizando seu poder através da unidade religiosa. Além disso, a inquisição esperava diminuir outros poderes políticos rivais, incluindo o dos judeus. Assim começou a era da infame Inquisição Espanhola, que seria a referência para outras inquisições.

Quando a Inquisição Espanhola começou a varrer o país e cerca de 9.000 pessoas foram enviadas para a fogueira, muitos judeus e outros não cristãos começaram a deixar a Espanha. Alguns se arriscaram e ficaram, outros pagaram asilo, mas a maioria deixou a Espanha.França, Itália e Norte de África foram os principais destinos, mas muitos também cruzaram para Portugal.

A principal razão de as pessoas se dirigirem a Portugal era simplesmente a proximidade geográfica, mas também não havia Inquisição em Portugal e, como resultado, os judeus ainda gozavam da proteção da lei. O português Rei João II, que não era conhecido por anti-semitismo, foi requerido por judeus para dar asilo aos judeus em Portugal até que fossem feitos arranjos para novas migrações e, na maioria dos casos, grandes somas de dinheiro eram oferecidas em troca. Em geral, esses pedidos foram bem recebidos graças a uma combinação de humanidade e dinheiro, mas ainda havia uma batida regular e popular de linguagem anti-semita como pano de fundo. O clero português, entre outras instituições, montou uma oposição vigorosa, que tendia a atingir a população judaica local. No final, os judeus espanhóis conseguiram apenas 8 meses de asilo a um alto custo, e cerca de 150.000 indivíduos foram autorizados a entrar em Portugal. Destes, cerca de 600 dos mais ricos garantiram domicílio permanente, enquanto o restante fez planos para seguir em frente.

Apesar da proteção do rei português, os judeus não eram bem recebidos pela população em geral. Os meses de asilo em Portugal foram tipicamente incertos e violentos e muitos saíram antes do prazo. Em última análise, sua proteção sob a lei era mínima, de modo que eram vulneráveis a roubos e extorsões. Por exemplo, circulou um boato de que os judeus pulverizaram seu ouro e o engoliram, e o subsequente assassinato e estripação de judeus (especialmente no norte da África) foi galopante.

Face à discriminação, D. João II resistiu aos apelos do seu próprio estabelecimento para autorizar uma inquisição em Portugal. Qualquer ramo do Santo Ofício foi autorizado pelo papa e estaria agindo fora da autoridade do rei. Além disso, os judeus eram vantajosos para ele, por isso, embora permitisse que os judeus fossem explorados, também permitiu que ficassem.

João II

João morreu em 1495 com a idade de 40 anos e foi sucedido por seu sobrinho Manuel I, um homem mais tolerante que estendeu mais proteção legal aos judeus sefarditas. No entanto, após seu casamento com Isabella, a filha mais velha de Fernando e Isabel, ele ficou sob a influência de um anti-semita muito mais fanático do que qualquer realeza portuguesa já teve contato antes.Isabella exerceu enorme pressão contra Manuel para solicitar uma inquisição para Portugal. Na verdade, uma das principais condições do casamento era que todos os judeus fugitivos da Inquisição espanhola, e todos os judeus portugueses, fossem imediatamente expulsos de Portugal. Como isso demonstra, o casamento era de caráter político e questões maiores para os portugueses estavam em jogo, então um contrato foi assinado em 1497 contendo uma cláusula que a expulsão dos judeus de Portugal seria concluída em um mês.

Manuel I

Isabella

Uma ordem foi devidamente emitida sob o selo do rei que concedeu aos judeus um mês para deixar Portugal sob pena de morte e expropriação. Uma opção de conversão ao cristianismo foi aplicada de forma muito seletiva, mas o resultado foi um êxodo quase total dos judeus de Portugal. Os destinos preferidos dos judeus que saíam da Península Ibérica incluíam Itália, Flandres e o Oriente, e a maioria seguiu para o sul do Mediterrâneo e para refúgios seguros no norte da Europa, com um punhado comparativo optando por uma viagem muito mais longa ao Oriente.

O Oriente nessa época era principalmente uma referência à Índia, especificamente ao assentamento português de Goa. Por acaso, a era de inquisição de Portugal estava começando exatamente quando os exploradores portugueses estavam inaugurando a Era da Exploração.

Alvorecer do Império Português

"O destino de alguém nunca é um lugar, mas uma nova maneira de ver as coisas."- Henry Miller

Em algum momento de janeiro de 1488, uma violenta tempestade atingiu o cabo sul da África, uma das muitas em uma região que se tornaria conhecida por tempestades. Na verdade, a tempestade inspirou o primeiro visitante europeu do cabo, o marinheiro português Bartolomeu Dias, a batizá-lo de Cabo das Tormentas. Esta tempestade particular, no entanto, apanhou Dias num momento difícil, pois ele comandava uma pequena flotilha de duas caravelas, a São Cristóvão e a São Pantaleão, sob encomenda de D. João II de Portugal para contornar a ponta sul da África para finalizar uma rota marítima para as Índias Orientais. Com ferramentas de navegação muito rudimentares e nenhum tipo de mapa, onde exatamente o extremo sul do continente ficava permanecia uma questão de adivinhação.

Uma ilustração dos dois navios

Os exploradores marítimos portugueses vinham gradualmente indo para o sul ao longo da costa oeste da África desde o início do século 15, semeando esporos da língua, religião e interesses comerciais portugueses em vários pontos ao longo do caminho. Essas viagens eram empreendimentos autônomos, na medida em que o comércio ao longo da costa africana estava chegando ao fim, assim como um esforço para estabelecer a primazia portuguesa no comércio de especiarias com a Índia através da descoberta de uma rota marítima viável para o leste. Havia também um objetivo quase religioso no empreendimento: localizar o reino mítico do Preste João, um lendário império cristão que se pensava existir em algum lugar da África.

Quando Bartolomeu Dias partiu do continente português em agosto de 1487, uma parte considerável da rota para o Cabo estava estabelecida e, em termos práticos, ele estava simplesmente juntando os últimos pontos. Especulações sobre marés e correntes sugeriam que a extremidade sul do continente africano estava próxima, mas nenhum europeu sabia exatamente onde ela estava.

Em teoria, as demandas de navegação da viagem eram relativamente simples. Era simplesmente uma questão de seguir a costa atlântica da África até que o sul se tornasse leste e depois norte. O povoamento mais distante estabelecido foi a fortaleza portuguesa de São Jorge da Mina, localizada na Costa do Ouro do que hoje é Gana, e talvez o ponto mais conhecido tenha sido a costa deserta do que hoje é conhecido como Namíbia. Aí, os dois navios podiam esperar encontrar uma corrente fria de norte, a Corrente de Benguela, a sul da qual ainda não tinha passado qualquer expedição.

Dias e sua tripulação chegaram em segurança ao largo da costa do que hoje seria Angola em meados de dezembro de 1487, chegando ao moderno porto namibiano de Walvis Bay algumas semanas depois. Este foi denominado Golfo da Conceicão, e uma pequena cruz foi erguida perante de os dois navios, antes de partirem novamente para mar aberto.

O próximo ponto de desembarque foi o porto namibiano de Lüderitz, batizado por Dias Angra dos Ilhéus. Em nenhum lugar do interior, entretanto, ao longo desta costa árida e árida, o reabastecimento de água ou comida poderia ser obtido, e a essa altura havia sérias tensões a bordo. Os dois navios estavam entrando em latitudes nunca antes desafiadas, e a corrente fria que subia da Antártica provocou nervosismo entre os homens, alguns dos quais ainda acreditavam que o mundo era plano.

Então, abruptamente, a tempestade desabou e a frota foi empurrada para longe no Atlântico, e tudo o que Dias pôde saber com certeza foi que os navios estavam em algum lugar a oeste e ao sul de sua última posição conhecida. Era impossível saber até que ponto ao sul, já que a tecnologia de navegação era rudimentar e os navios estavam, a essa altura, bem longe da vista de terra. Um curso de leste acabaria levando-os em direção ao continente, mas se por acaso eles tivessem derivado para uma latitude abaixo do extremo sul da África, eles não teriam ideia de quando o ultrapassassem.

Este era um enigma fundamental e completamente desconcertante para os marinheiros daquela época. Recorrendo ao instinto, Dias traçou um curso para o leste e esperava o melhor. Passou um dia e depois outro, mas tudo o que se via do ninho de corvo da São Cristóvão ainda era mar aberto. Duas opções estavam agora abertas para ele - ou manter-se firme e continuar para o leste, sob o risco de perder seu objetivo completamente (e navegar às cegas no Oceano Índico), ou virar para o norte sob o risco de retornar na direção de onde vieram.

Os instintos de Dias disseram-lhe que se mantivesse firme no rumo leste, mas, sob pressão de sua tripulação, ele relutantemente concordou em virar para o nordeste, o que rapidamente se revelou uma decisão fatídica. A expedição realmente ultrapassou o cabo sul, e quando, depois de navegar por 30 dias sem avistar terra, terra foi finalmente avistada, descobriu-se que era a atual Baía de Mossel na África do Sul, cerca de 150 milhas a leste do Cabo. Chamaram esta região de Aguada de São Brás. A data era 4 de fevereiro de 1488 e, embora Bartolomeu Dias continuasse apenas um pouco mais para o leste ao longo da costa, foi mais ou menos nessa data que ele percebeu que o caminho agora estava aberto para a Índia.

Um tanto inadvertidamente, Dias e sua tripulação haviam realizado uma das façanhas mais cruciais da navegação e, em muitos aspectos, foi o coroamento de um processo iniciado no alvorecer do século 15 sob o patrocínio de um dos grandes gênios e inovadores da época. O nome "Henrique o Navegador" ficou intimamente associado à mitologia e história da Era das Explorações e, no mínimo, foi ele quem deu início à grande era da exploração portuguesa. Conhecido na sua época como Infante D. Henrique, ou Infante Henrique, era filho do Rei D. João I de Portugal, mais conhecido pela preservação da soberania portuguesa e pela fundação da Dinastia de Aviz, da qual D. Henrique fazia parte.

Henrique o Navegador

Rei João I de Portugal

O reinado de João I coincidiu mais ou menos com a expulsão dos mouros de Portugal, mas focos de resistência muçulmana permaneceram na Espanha e os combates acirrados continuaram por muito tempo. Quando Henrique tinha cerca de 16 anos, João decidiu lançar uma campanha contra o continente norte-africano, tomando o importante porto de Ceuta, uma fortaleza muçulmana localizada do outro lado do Estreito de Gibraltar. Esta foi uma grande e abrangente vitória militar, atribuível em muitos aspectos ao planejamento do jovem Henrique. Essa campanha o estabeleceu desde muito jovem na mente de seu povo como um grande comandante militar e naval.

Uma representação do Príncipe Henrique o Navegador em Ceuta

Henrique nasceu em 1394, no auge de mudanças monumentais na Europa e no mundo, e quando criança certamente sonhou com grandes conquistas militares e fama como líder militar. No rescaldo de Ceuta, porém, e à medida que as riquezas do continente africano começaram a chegar a Lisboa, o seu pensamento começou a voltar-se para uma conquista mais ousada da África por meio da exploração e do comércio. Foi este fascínio que deu início ao conjunto de viagens que culminaria na descoberta do Cabo das Tempestades por Bartolomeu Dias.

Henrique era um dos três irmãos e não estava originalmente na linha para o trono. Assim, ele permaneceu um príncipe e até a idade de 26 anos esteve ativamente envolvido nas guerras e campanhas de seu pai, ganhando suas esporas em inúmeras campanhas e batalhas. Uma grande mudança ocorreu em 1420, quando ele foi colocado como administrador geral da Sagrada Ordem de Cristo, o sucessor dos Cavaleiros Templários em Portugal. A partir de então, pelo menos de acordo com a história popular, suas preocupações gêmeas se tornaram religião e exploração.

Embora Henrique nunca tenha feito uma única expedição, foi o seu financiamento e patrocínio (para não mencionar o desenvolvimento de navios apropriados e técnicas de navegação) que impulsionaram Portugal. Naquela época, os portugueses haviam se aventurado tão ao sul ao longo da costa africana quanto as Ilhas Canárias, mas Henrique, tendo visto pessoalmente as mercadorias transportadas para o norte em caravanas pelo deserto do Saara, sabia que escravos e ouro podiam ser encontrados em grandes quantidades em algum lugar mais ao sul, e ele estava ansioso para contornar as redes de comércio muçulmano do Norte da África localizando a fonte.

Até que ponto o continente africano se estendia ao sul, além do deserto, ninguém sabia, mas ele pretendia descobrir.

Uma das inovações características dos grandes dias da navegação portuguesa foi a caravela , um navio leve de cordame que se desenvolveu no início do século 15 com desenhos baseados no árabe qãrib e nos muito menores navios, de forma semelhante a barcos de pesca mediterrâneos manuais da época. Ele era tipicamente raso com uma quilha curta, o que lhe permitia navegar rio acima e através de águas costeiras rasas. Seu cordame o equipava para navegar próximo ao vento, às vezes contra o vento, o que, é claro, facilitava a navegação em águas abertas e offshore. Na verdade, ele se tornaria o navio de exploração marítimo preferido no século seguinte, e esse tipo de navio levaria Colombo ao Novo Mundo em todas as suas viagens.

Um modelo de uma caravela portuguesa

Diz-se também que Henrique criou uma academia de navegação e ciências da navegação, a Escola de Sagres, localizada em Sagres perto do Cabo de São Vicente no Algarve. Dito isto, os historiadores modernos acreditam que o brilhantismo português no domínio da navegação teve mais a ver com a coragem e os instintos dos que estavam no convés dos navios, do que com instituições dedicadas. Seja como for, os marinheiros profissionais que embarcaram nas primeiras viagens de Henrique receberam tudo o que o dinheiro e a tecnologia poderiam dar a eles no século 15. Como parte do patrocínio de Henrique, 20% da receita de cada expedição bem-sucedida voltava para o príncipe, estabelecendo o motivo financeiro para todos os envolvidos. O porto de Lagos, no Algarve, era o ponto de partida típico, e a maioria das expedições consistia em dois ou três navios, no máximo.

Uma das descobertas mais importantes foi o fenômeno conhecido como Volta do mar, ou a "virada do mar", que em termos práticos é um sistema rotativo de ventos e correntes no meio do Atlântico que permitia uma viagem de ida via Ilhas Canárias e uma viagem de regresso pelos Açores. Isso facilitou o tráfego triangulado de três pontos do comércio de escravos no Atlântico, permitindo uma viagem ao longo da costa até os portos negreiros africanos, a "Passagem do Meio" transatlântica e uma viagem diretamente do Caribe para casa.

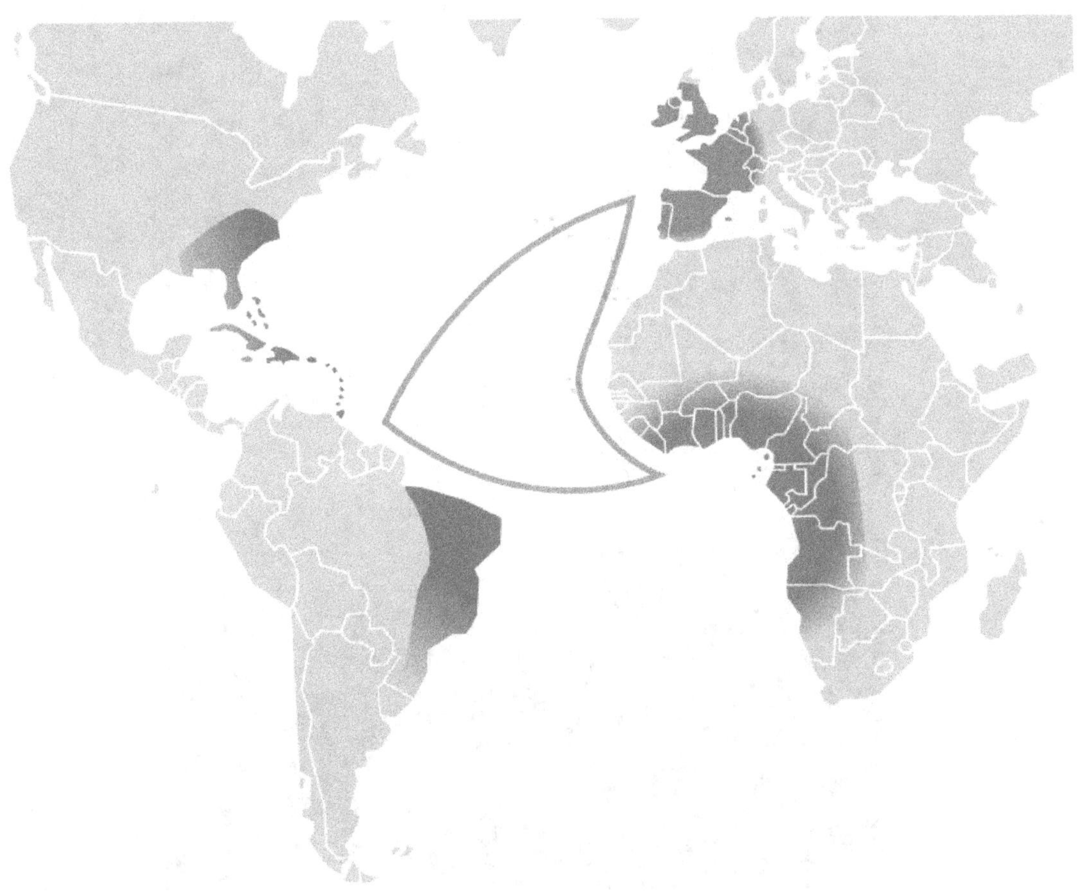

Um mapa da Passagem do Meio

Os Açores, a Madeira e as Canárias marcaram os pontos principais das primeiras viagens, sendo o Cabo Bojador, no moderno Sahara Ocidental, o ponto mais conhecido a sul da costa oeste africana. Em 1434, o Cabo Bojador foi ultrapassado por Gil Eanes, um dos comandantes de Henrique, e os compatriotas Nuno Tristão e Antão Gonçalves alcançaram o Cabo Branco na costa da moderna Mauritânia em 1441.Em 1443, um forte foi construído na Baía de Arguin, também na Mauritânia, que preparou o cenário para o primeiro movimento de sondagem ao sul do Deserto do Saara. Logo a foz do rio Senegal foi alcançada, altura em que Henrique poderia alegar ter circunavegado com sucesso as redes de comércio muçulmanas do Norte da África. Em pouco tempo, ouro e escravos começaram a chegar a Portugal, momento em que a maioria dos críticos de Henrique foram silenciados.

Henry morreu em 1460, mas os navios continuaram navegando e, em 1462, uma frota de caravelas chegou ao local de Freetown, na moderna Serra Leoa. Vinte e oito anos anos depois, Bartolomeu Dias estava erguendo uma cruz de pedra em um promontório na confluência do Oceano Índico com o Oceano Atlântico. O próximo destino no impulso do Império Português seria a Índia.

Bartolomeu Dias não avançou muito mais no oceano Índico do que o local do seu desembarque. Naturalmente, regressou às pressas a Lisboa, chegando em dezembro de 1488 após uma ausência de 16 meses e 17 dias. O caminho para a Índia estava estabelecido, e o próximo a aparecer nas águas do sul do Oceano Índico foi o mais famoso marinheiro português Vasco da Gama.Seria da Gama quem circundaria o que agora se chamava Cabo da Boa Esperançaem 1497, e chegaria à Índia em maio de 1498.

Uma representação de Da Gama chegando à Índia

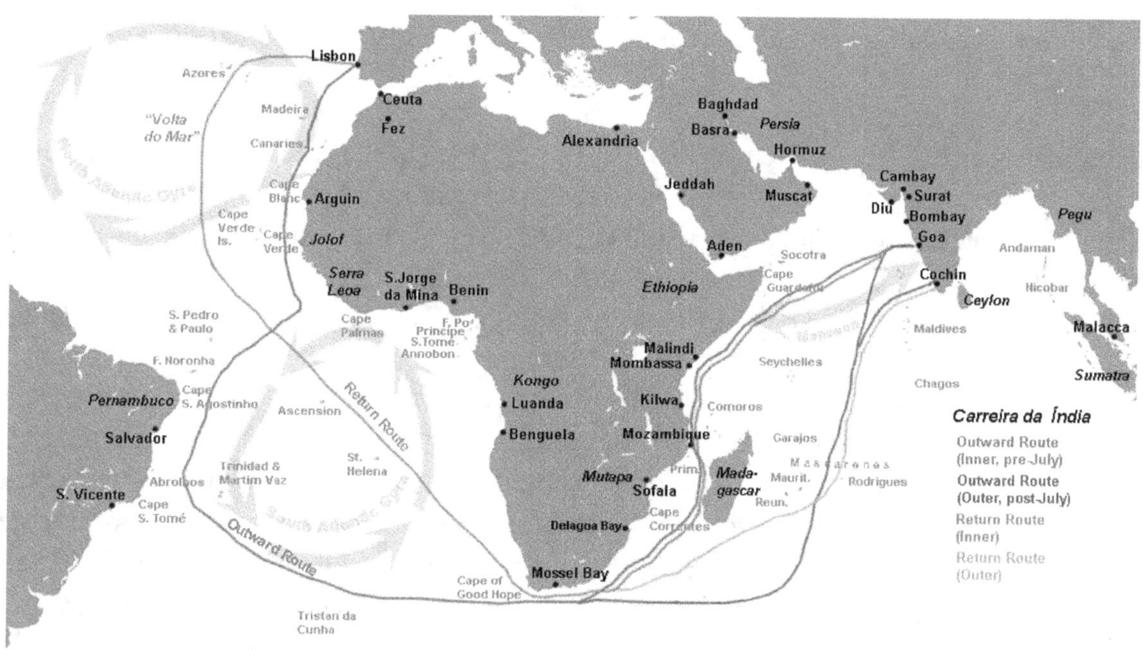

Um mapa das rotas da Gama

Este, desnecessário dizer, foi um momento monumental na história da exploração e, embora ele já tivesse morrido há muito tempo, foi talvez a conquista mais importante que poderia ser creditada à visão de Henrique, o Navegador. Uma nova era de comércio internacional, imperialismo global e colonização foi iniciada, e o mundo nunca mais seria o mesmo.

A rota de Vasco da Gama do Cabo à Índia foi bastante simples.Anualmente, ventos alísios alternados o carregavam para a costa leste da África e, em alguns aspectos, ele estava de volta a águas conhecidas. A antiga rota de comércio entre a Índia e a Europa seguia pela costa da Arábia até o Mar Vermelho e por terra através do istmo de Suez. Isso ligou as frotas marítimas do Mediterrâneo às do mar Vermelho e estabeleceu ligações e conexões subsequentes ao longo da costa da Península Arábica e do Golfo Pérsico aos portos de Gujarat e ao sul até a costa de Goa. Sabendo que ele estava de fato na costa da África Oriental, foi fácil para Vasco da Gama simplesmente navegar para o norte ao longo da costa, parando em vários pontos até cruzar o Golfo de Aden. Lá ele contatou comerciantes árabes e indianos que o encaminharam para o leste, até a costa da Índia.

Em seu caminho para a Índia, da Gama observou intensamente o comércio vibrante e bem estabelecido ocorrendo entre comerciantes árabes e indianos e uma série de cidades-estado altamente sofisticadas espalhadas pela costa leste da África. Ele fez uma breve visita à ilha de Zanzibar e lá, para seu espanto, encontrou um enérgico e cosmopolita entreposto comercial que controlava o tráfego comercial de e para o interior da África. Financiadores e banqueiros indianos e persas lidavam com capitães de dhow árabes e uma população amplamente dispersa de suaíli costeira agindo como intermediários entre a costa e o interior escuro. Escravos, marfim e ouro eram processados e tributados em Zanzibar e, em geral, um negócio lucrativo e ativo era conduzido lá.

À medida que a expedição de Vasco da Gama avançava antes de finalmente retornar a Portugal, ele ficou profundamente impressionado com tudo o que tinha visto, especialmente o potencial aparentemente ilimitado de conduzir o comércio nas costas leste e oeste da África. Relatou tudo isto ao rei D. Manuel I e, oito anos depois, foi fundado o primeiro povoado português na costa oriental de África. Um império global estava sendo construído oficialmente.

Como acontecia com todas as potências comerciais europeias que acabariam por seguir os passos desses primeiros exploradores portugueses, não era política imperial portuguesa tentar apoderar-se ou controlar o território do continente para seu próprio bem. Em vez disso, depósitos e fortes foram estabelecidos com o único propósito de conduzir o comércio com as potências existentes da costa e do interior. Essas instalações inevitavelmente se transformaram em assentamentos à medida que os missionários chegavam e os colonos assimilavam, casavam com os habitantes locais e estabeleciam raízes. O mesmo era verdade para os dinamarqueses, franceses, holandeses e britânicos, que fundaram assentamentos semelhantes ao ingressarem no comércio de escravos e estabelecerem as bases para futuras esferas de influência.

O objetivo principal era o estabelecimento de um monopólio português sobre o comércio de especiarias das Índias Orientais, e a relação entre os portugueses e os vários governantes tradicionais da costa variava entre a hostilidade aberta e a colaboração aberta. No devido tempo, os portugueses estabeleceram seu quartel-general em uma ilha recortada na costa do Malabar chamada Goa. A presença portuguesa na costa indiana iria desde a chegada de Vasco da Gama à tomada do território pelo governo indiano numa operação militar em dezembro de 1961.

Ao longo dos séculos seguintes, os acordos comerciais portugueses foram estendidos muito mais para o leste, chegando até a China e o Japão, mas as principais bases de operações portuguesas eram a própria Goa, a ilha do Ceilão, Malaca na costa da Malásia e a ilha chinesa de Macau. A missão administrativa de Goa, governada por uma sucessão de vice-reis portugueses, estendeu-se desde as colônias comerciais na costa de Moçambique até a ocupação portuguesa de Mascate, passando por todas as colônias da própria Índia e além até os confins orientais do império. A colonização de Goa e dos seus muitos satélites não representou nenhuma ambição portuguesa de apoderar-se e controlar o território por si, mas simplesmente de gerir os negócios de um vasto império comercial que se estendia por toda a região.Como resultado, Goa tornou-se um importante centro comercial e uma cidade dourada, gozando de uma reputação de grande beleza arquitetônica repleta de sofisticação e uma diversidade de pessoas e raças vivendo em um ambiente de tolerância e cooperação. Frequentemente se dizia que, se uma pessoa nascesse ou vivesse em Goa, acharia Lisboa e as cidades metropolitanas de Portugal atrasadas e empobrecidas.

A Catedral da Sé em Goa, uma das maiores igrejas da Ásia

A Inquisição na Índia

"Não há nada que iguale o desacordo para estabelecer o Santo Ofício em Goa, onde todas as circunstâncias e considerações tornavam obrigatório evitar a severidade religiosa para com homens ignorantes, recentemente convertidos; e em um lugar, onde o comércio era administrado por várias nações, tanto quanto aos credos, bem como em cores e origens. "- Coelho da Rocha

Quando a população judaica de Portugal foi enviada para longe, o assentamento português em Goa ficava no limite mais distante do mundo conhecido e, portanto, longe o suficiente do Portugal metropolitano. Ao mesmo tempo, a costa indiana de Malabar era singularmente diversa e tolerante, de modo que seria compreensivelmente considerada o refúgio mais seguro possível.

Manuel I morreu em dezembro de 1521 e foi sucedido por João III, talvez o mais anti-semita de todos os governantes ibéricos até hoje. Sob seu governo, a ordem dominicana adquiriu uma influência muito maior no tribunal, e novos pedidos para o estabelecimento de uma inquisição em Portugal foram ouvidos com maior simpatia. Assim, no início de 1531, foram emitidas instruções ao Embaixador da Corte Portuguesa no Vaticano para agir secretamente para obter uma Bula Papal, emitida em 17 de dezembro de 1831. A Bula Papal foi negociada em segredo, mas quando foi revelada, com justiça inspirou terror nas comunidades de judeus e cristãos novos em Portugal que se apegavam à mais tênue das esperanças.

João III

Uma vez autorizada, a Inquisição portuguesa começou a trabalhar rapidamente.Nas palavras do historiador português do século 19 , Joaquim Pedro de Oliveira Martins, "Cada vez que se abria o portão da prisão, os presos estremeciam de medo ou de esperança esmaecida. Eles foram amarrados com cordas à casa de tortura; e enquanto desciam os degraus tortuosos, seus gritos eram abafados. "

Com a fuga dos judeus, eles foram atraídos para Goa e inevitavelmente se estabeleceram em um ambiente onde o comércio dominava todos os assuntos da Igreja e do Estado. O lugar era o lar de várias castas hindus, alguns budistas dispersos e uma comunidade vibrante de comerciantes muçulmanos vindos de muitas partes do califado islâmico. Teria sido impossível, porém, ao Estado português embarcar na sua longa aventura nas Índias sem o envolvimento da Igreja Católica, simplesmente porque Igreja e Estado estavam então profundamente entrelaçados. Como resultado, os missionários jesuítas que normalmente acompanhavam todas as excursões profundas a territórios desconhecidos eram tão emissários do estabelecimento quanto os vários vice-reis e funcionários administrativos portugueses.

Em geral, uma vez distantes das convenções do continente, o emigrado português médio foi assimilado muito rapidamente. Na verdade, eles foram inicialmente encorajados a tomar esposas indianas e estabelecer as bases de uma sociedade cristã europeia. Através dessa assimilação, o catolicismo obviamente se espalhou, e toda uma casta social de mestiços portugueses de pele escura, mestiços, todos católicos devotos, existiu ao lado de várias castas hindus, semelhantes em aparência e hábitos sociais, e sem qualquer hostilidade óbvia.

O primeiro auto-da-fé da Inquisição portuguesa foi realizado em 1540 e, em comum com a Inquisição espanhola, seus esforços se concentraram na identificação e erradicação dos convertidos de outras religiões. Mais comumente, os alvos eram judeus "cristãos novos" ou "criptocristãos" conhecidos como conversos, ou marranos, que eram suspeitos de continuar a prática de sua fé original em segredo. Os judeus foram deportados ou, devido a muitos sofrimentos, fugiram para as possessões portuguesas no ultramar, como as ilhas de São Tomé e Príncipe, Cabo Verde e vários outros recantos desagradáveis do império que exigiam a colonização. A maioria dos judeus sefarditas voltou para o norte da Europa, em particular a Bélgica e a Holanda, com alguns buscando refúgio na Grécia e nas ilhas jônicas e outros ainda encontrando refúgio no Brasil ou no Caribe. Dito isso, Goa, como um centro comercial vibrante, atraiu naturalmente um grande número, e inicialmente sua recepção foi relativamente calorosa. Os comerciantes indianos não discriminavam, e o dinheiro acabou falando mais alto do que os evangelhos. Os assentamentos judaicos logo se expandiram além de Goa para todas as colônias permanentes ao longo da costa, com uma grande e rica comunidade judaica se estabelecendo no assentamento de comércio português de Malaca.

Uma representação de um auto-da-fé em Lisboa

Em meados do século 16, a Inquisição era uma instituição difundida e onipresente em toda a Europa e, em pouco tempo, os Santos Ofícios foram estabelecidos nos territórios ultramarinos portugueses e espanhóis da América Central e do Sul, bem como nas ilhas do Cabo Verde e São Tomé e Príncipe. Era inevitável que alguém com uma mentalidade semelhante a Torquemada considerasse a vida livre e o comércio dos judeus no Oriente uma afronta à glória de Deus. Também foi uma ofensa à sensibilidade dos primeiros missionários católicos na Índia ver povos nativos vivendo em estado de graça, praticando suas antigas religiões e crenças em completa ignorância e desprezo pela verdadeira fé.

Os portugueses na Índia eram uma força militar e econômica extremamente poderosa e, tendo em mente a paisagem política fragmentada da Índia, os portugueses inevitavelmente tornaram-se parte de um sistema mais amplo de jogo de poder entre reinos e principados que eram mutuamente antagônicos. Um vibrante comércio de especiarias com a Europa precedeu em muito a chegada dos portugueses, e esse comércio foi durante séculos dominado por comerciantes hindus e muçulmanos que se permitiram ser apoiados pelos portugueses ou resistiram brevemente. O resultado líquido, porém, foi que índios de várias crenças e castas, pragmáticos tanto nos negócios quanto na política, se converteram ao cristianismo com o objetivo de explorar as oportunidades de negócios e políticas que os portugueses ofereciam. Como consequência, existia uma comunidade cristã indiana desproporcionalmente grande em Goa e nos assentamentos vizinhos, mas muito poucas dessas comunidades eram autenticamente cristãs. Da mesma forma que os judeus se ajoelhavam na presença de padres e davam uma aparência externa de piedade, ambas as religiões continuaram a praticar sua própria fé de acordo com suas próprias tradições em particular.

O primeiro indício de que a Inquisição poderia se estender às índias portuguesas veio em uma carta escrita ao rei João III pelo notável missionário católico romano navarro do século 16, Francisco Xavier, nascido Francisco de Jasso y Azpilicueta.Escrevendo de Malaca, que deve ter parecido a ele uma Babel de comércio indisciplinado e promiscuidade religiosa, ele descreveu a cena vividamente. A carta, datada de 16 de maio de 1545, diz em parte: "A segunda necessidade para os cristãos é que Vossa Majestade estabeleça a Santa Inquisição, porque há muitos que vivem de acordo com a lei judaica e de acordo com a seita maometana, sem medo de Deus ou vergonha do mundo. E como são muitos os que se espalham por todas as fortalezas, há necessidade da Santa Inquisição e de muitos pregadores. Sua Majestade deve providenciar o necessário para seus súditos leais e fiéis na Índia. "

Xavier

Embora este pedido tenha sido recebido em Lisboa com simpatia, João não o deu imediatamente, e não seria durante o seu reinado que a Inquisição Indiana foi autorizada. Com o passar do tempo, no entanto, demandas semelhantes continuaram a ser ouvidas de muitos lugares, e as mesmas condições de impureza religiosa e impunidade foram descritas por missionários amplamente distribuídos por toda a região. Outra carta, escrita em janeiro de 1551 e dirigida ao Padre Geral em Roma, articulava as mesmas preocupações: "Isto é para informar a Vossa Paternidade que a Inquisição é mais necessária por estas bandas do que em qualquer outro lugar, já que todos os cristãos aqui convivem com muçulmanos, judeus e hindus e, também, a própria grandeza do país causa lassidão de consciência nas pessoas que residem aqui em. Com o freio da Inquisição, eles viverão uma vida boa. "

D. João III morreu em 1557 e foi sucedido pelo seu neto, Sebastião I, ainda menor de idade quando ascendeu ao trono. Governou sob a regência da rainha viúva Catalina, que por acaso era devota e seguidora do cardeal Henrique, mais tarde o próprio rei. Henrique foi um poderoso defensor da Inquisição, e foi principalmente graças à sua influência que Aleixo Díaz Falcão foi enviado a Goa como o primeiro Inquisidor em 1560.

Como já foi descrito em vários textos, Aleixo Díaz Falcão era a quintessência do encapuzado moreno, o fanático sociopata da fé, cuja execução de suas funções beirava o patológico. Em um ano, ele havia estabelecido um tribunal que ganharia a sinistra reputação de ser o mais impiedoso de toda a cristandade. Uma história foi contada pelo historiador indiano Anant Kakba Priolkar, em seu livro de 1961 sobre a Inquisição de Goa, do Embaixador de Portugal em Roma Lourenço Pires expressando preocupação com a perseguição implacável na Índia de tantos dos responsáveis pela riqueza do império: "Expressou à Regência (Henrique) a sua apreensão de que este zelo pela religião se revelaria um desserviço a Deus e ao Reino, pois levaria a Bassorá e ao Cairo muitos que ajudariam o inimigo tanto nas finanças como na guerra à atividade do tribunal foi em grande parte atribuída à decadência das outrora florescentes possessões indígenas de Portugal. "

É difícil verificar até que ponto o trabalho da Inquisição minou a viabilidade econômica dos assentamentos indígenas. Na verdade, o dano, embora certamente ocorrendo, foi resultado de outras causas mais elementares. No entanto, da pena de um eminente historiador jesuíta, o padre Francisco de Sousa, veio esta descrição arrepiante no início da década de 1560: "Na ilha de Goa, intensos esforços foram feitos para destruir o hinduísmo, o padre provincial Gonsalvo da Silveira e o bispo Belchior Carneiro circulavam por Cochim perseguindo o insidioso judaísmo. Eles foram enviados à Santa Inquisição onde alguns foram queimados e outros concedido punições de acordo com suas ofensas. "

Quando a Inquisição indiana foi finalmente abolida em 1820, a maioria dos registros associados a quase três séculos de atividade foram destruídos ou de alguma forma perdidos, o que tendeu a ocultar os detalhes das operações diárias. Os relatos escritos também são bastante esparsos, de modo que os historiadores que construíram um quadro dos eventos confiaram bastante em fragmentos de relatos de viagens e em uma grande quantidade de extrapolações educadas. As reflexões do viajante francês François Pyrard, escritas entre 1608 e 1610, oferecem um desses insights:"A Inquisição consiste de dois padres, que são tidos com grande dignidade e respeito; mas um é muito maior do que o outro e é chamado de Inquisidor Principal. Seu procedimento é muito mais severo do que em Portugal; muitas vezes queimam judeus, a quem os portugueses chamam os cristãos de nocivos, ou seja, 'cristãos novos'. Na primeira vez em que são levados à Santa Inquisição, todos os seus bens são apreendidos ao mesmo tempo; eles raramente são presos, a menos que sejam ricos. O rei fornece o custo desse processo para todos que não têm os recursos. Mas normalmente, eles não os atacam, exceto quando descobrem que acumularam muitas propriedades. Nada no mundo é mais cruel e impiedoso do que este processo. ”

Pyrard passou a descrever uma situação profundamente perigosa em que nada mais do que a palavra de um escravo, uma criança ou qualquer pessoa que pudesse lucrar com a desgraça de outra era suficiente para trazer um indivíduo perante o Santo Ofício. Pode ser uma infração tão trivial quanto não comer carne de porco, o que foi oferecido como prova suficiente de que a conversão declarada de um indivíduo judeu ao catolicismo era espúria e falsa. Como disse Pyrard, "Eu realmente acredito que tudo o que é desejado é assumido por eles."

Ao ser preso, o indivíduo não podia solicitar representação e nem mesmo era informado das acusações. Em conjunto com isso, o processo de interrogatório era tão cruel que nenhum indivíduo poderia esperar que alguém ousado ou temerário o suficiente falasse em seu nome. A representação ou advocacia não era considerada um direito, pelo que uma detenção em termos práticos era uma sentença de morte, devido à tortura ou posteriormente na fogueira.

Pyrard ofereceu mais detalhes:“A forma do procedimento é igual à da Espanha, Itália e Portugal. Às vezes, os homens são mantidos presos por dois ou três anos sem saber a causa, visitados por ninguém além de oficiais da Inquisição, e em um lugar onde nunca vêem um semelhante. Os índios, gentios e mouros, de qualquer religião, não estão sujeitos a esta Inquisição a menos que se tornem cristãos, e mesmo assim não são tão rigorosamente tratados como os portugueses ou os cristãos novos de Portugal, ou outros cristãos da Europa. ”

Existem outros relatos que deixam claro que os tribunais trataram com a mesma severidade dos indianos não convertidos. Nas palavras do historiador goês JC Barreto Miranda, “Cada palavra deles era uma sentença de morte e ao seu menor aceno de cabeça eram levados para o terror as vastas populações espalhadas pelas regiões asiáticas, cujas vidas flutuavam em suas mãos, e que, por o pretexto mais frívolo, poderia ser mantido para sempre nas masmorras mais profundas ou estrangulado ou oferecido como alimento para as chamas da pira. ”

Talvez o retrato mais vívido do reinado de terror que assolou as regiões sob a jurisdição do Tribunal Indiano tenha vindo dos escritos de Felipe Nery Xavier, escritor e editor goês contemporâneo português. Ele observou: "Os atos terríveis da Inquisição durante o período inicial de sua existência fizeram com que o terror ficasse tão profundamente enraizado nas memórias do povo que ninguém ousou nomear o lugar onde estava alojado como a casa da Inquisição, mas deu a ele o nome misterioso de 'Orlem gor' ou 'Casa Grande'. ”

Para ser justo, todas essas foram fontes secundárias e relatos anedóticos que oferecem apenas um breve vislumbre de uma instituição que existiu por séculos e que processou o destino de dezenas de milhares de indivíduos infelizes.Ao pesquisar seu livro sobre a Inquisição de Goa, o historiador indiano Anant Kakba Priolkar pesquisou os arquivos locais de Goa e não encontrou nenhuma documentação relacionada à Inquisição. Ele não teve melhor sorte ao pesquisar os registros de qualquer uma das igrejas locais, a maioria das quais eram católicas. Na Comissão Arqueológica de Goa, foi informado simplesmente que os registos não estavam disponíveis em Goa, o que ele considerou significar que não estavam alojados em Goa. Uma investigação mais aprofundada, no entanto, revelou que em ocasiões diferentes os registros da Inquisição indiana foram deliberadamente destruídos.

A primeira vez que estes registos foram preparados para destruição parece ter sido em 1732, quando a Goa portuguesa foi ameaçada pelas forças do Império Maratha. Temendo uma tomada de controle, foi ordenado por oficiais da Inquisição que todo o conteúdo do arquivo fosse removido para um forte local e mantido lá em prontidão para queima em caso de necessidade. No final das contas, isso acabou se revelando desnecessário.

Em 1774, a Inquisição foi brevemente suspensa e a maior parte dos autos foi enviada para Portugal, embora de acordo com a correspondência oficial entre a colônia e a capital metropolitana, alguns tenham sido devolvidos quando a Inquisição foi reimplementada dois anos depois. Em 1812, foi decidido que a Inquisição seria definitivamente extinta, o que então apresentava o problema do descarte permanente dos registros. O vice-rei português na Índia, Conde de Sarzedas, compartilhou suas reflexões sobre o assunto com o governo de Portugal: "Ordenei, portanto, que fossem mantidos no edifício do Arsenal Real, sendo depositados em grandes sacos que seriam lacrados com as armas reais pelo Inquisidor, e que o edifício fosse fechado com três chaves, uma das quais permaneceria comigo, outra na secretaria, e a terceira nas mãos do intendente da marinha."

A Inquisição Portuguesa foi suspensa durante o reinado da Rainha D. Maria I.

Obviamente, havia um grande interesse em manter os registros da Inquisição indiana trancados a sete chaves, e seria justo ficar com a impressão de que o assunto era considerado quase um segredo nacional. De Sarzedas continuou: "Eu considerei apropriado tomar todas as medidas cautelares necessárias em relação a esses registros, pois fui informado de que neles existem documentos relativos a todos os processos julgados [pelo] Santo Ofício desde o seu início, e se eles são não guardados com todo o cuidado, neles seriam encontrados motivos para difamar, ainda que falsamente, todas as famílias do estado e isso proporcionaria ocasiões para alimentar as inimizades e intrigas que abundam neste país. "

Os leitores de seus comentários podem sentir uma tendência diplomática, pois, nas primeiras décadas do século 19, o cenário político da Índia começou a se alterar consideravelmente. Os britânicos agora dominavam o subcontinente e haviam ocupado Goa com uma guarnição por algum tempo, e continuariam a promover seus interesses no subcontinente até o final do século. Os britânicos, é claro, não eram católicos e, naquele ponto da história, as tensões eram palpáveis entre o papado e a coroa britânica. Os britânicos não apoiaram a Inquisição e, em uma época de Iluminismo, abolição e direitos humanos, a sobrevivência de uma instituição medieval tão macabra na Índia obviamente não agradaria à Grã-Bretanha. Os portugueses desejavam permanecer na Índia, e as consequências políticas de um reinado de terror de séculos dentro dos confins da Índia portuguesa não serviriam bem à colônia no futuro.

Assim, o governo português instruiu que os documentos, que somavam três séculos de autos, fossem examinados por alguma pessoa ou agência de confiança para separar os documentos que eram importantes e queimar o restante. Esta monumental tarefa foi confiada ao Padre Tomás de Norona, que presumivelmente a executou, e sem dúvida uma grande maioria dos documentos acabou sendo queimada conforme a encomenda. O trabalho era claramente abrangente, visto que Anant Kakba Priolkar vasculhou Goa em busca de alguma pista sobre onde residiam os papéis considerados dignos de preservação e não encontrou nada.

Fatos e Detalhes

"A Inquisição de Goa distinguiu-se pelos rigores maiores do que os dos tribunais da metrópole; milhares de vítimas morreram na fogueira em chamas; e quando essas execuções sangrentas trouxeram temores de um movimento sedicioso, os vice-reis e governadores, que não gozavam do poder da força abertamente, usaram a adaga dos assassinos e o veneno ".- João Felix Pereira

Um dos relatos mais abrangentes da experiência de um indivíduo nas mãos da Inquisição indiana foi publicado em 1687 pelo viajante, escritor e médico francês Charles Gabriel Dellon. Intitulado Relation de l'Inquisition de Goa, geralmente se acredita hoje que o relato de Dellon sobre sua própria experiência como vítima da Inquisição é fabricado, mas suas observações sobre a organização e os métodos da Inquisição foram certamente detalhes em primeira mão.

Dellon, segundo seu próprio relato, instalou-se brevemente no assentamento português de Damão, ao norte de Bombaim. Por ser um personagem geralmente polêmico e impopular, ele foi relatado à Inquisição local como um possível herege, o que era inquestionavelmente uma ocorrência comum para pessoas que faziam inimigos. Assim, ele foi preso pela Inquisição, detido por vários anos, torturado com frequência e ameaçado com um auto-da-fé, a queima pública na fogueira dos hereges. Depois de quatro anos (que a maioria dos historiadores concorda ser o aspecto mais improvável de seu relato), ele foi solto.

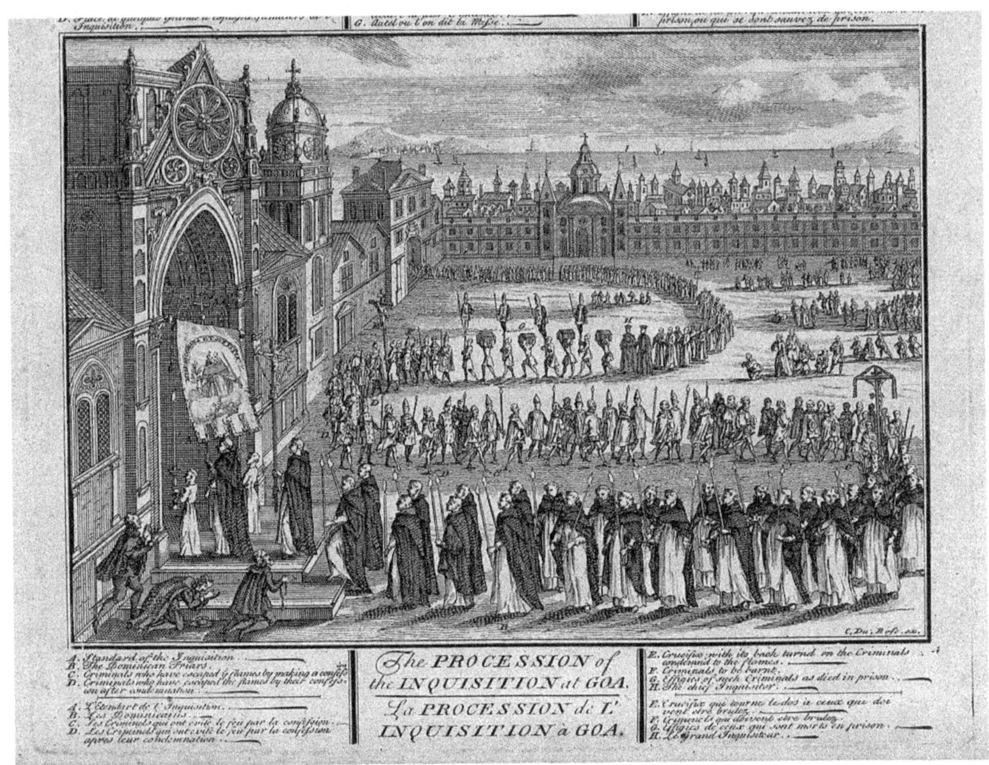

Uma representação de um auto-da-fé em Goa

Voltando à França, Charles Dellon comprometeu-se a escrever seu relato angustiante, e a seguinte discussão sobre a organização e os procedimentos da Inquisição de Goa provém principalmente de sua narrativa.

A Inquisição de Goa seguia o modelo da Inquisição portuguesa e era igualmente regida pelo mesmo código de prática.Este código constava do Regimento do Santo Ofício da Inquisição dos Reinos de Portugal (Manual de Normas e Regulamentos do Santo Ofício da Inquisição nos Reinos de Portugal), publicado em 1640. Alguns aspectos desse código foram adaptados para as condições únicas de Gao, mas, em geral, a Inquisição indiana seguiu os mesmos procedimentos essenciais.

O manual era composto por três volumes e, a partir dele, é possível ter uma noção de como a Inquisição Goa deveria funcionar. Muitos dos artigos do manual são rotineiros e mundanos, como a lista das qualificações de inquisidores em potencial, promotores e tabeliães, e os processos de sua seleção são estabelecidos.

Detalhes específicos sobre as instalações em que um prisioneiro pode ser encarcerado também foram explicitados: "Se o Aljube (um estabelecimento prisional específico para eclesiásticos ou outros cujo caso se enquadra na jurisdição eclesiástica) não estiver disponível para este fim, pode ser tomada alguma casa onde os prisioneiros possam ser mantidos de forma que não haja comunicação entre aqueles que confessaram e aqueles que não o fizeram, ou entre aqueles que participaram do mesmo crime e a vigilância pode ser exercida para garantir que eles não recebam mensagens de fora."

Vários outros detalhes foram descritos, como o procedimento de anúncio da Inquisição em qualquer nova paróquia, bem como o processo de manutenção de registros específicos e de garantia de que as denúncias e reconciliações ocorressem na presença do Arcebispo. As prisões, por exemplo, foram feitas estritamente de acordo com um mandado assinado pelo arcebispo e pelo inquisidor, ou por seus representantes nomeados.

Uma pessoa presa pelo crime de heresia sofreria automaticamente o confisco de seus bens, móveis ou imóveis, que seriam então colocados sob a confiança de alguma pessoa com autoridade durante o inquérito. Se esse indivíduo fosse finalmente considerado culpado de heresia, sua propriedade seria permanentemente confiscada para o Município de Sua Majestade. Naturalmente, isso proporcionou um incentivo financeiro para que as autoridades considerassem culpados de um crime.

Certas classes de suspeitos de heresia foram tratadas de maneiras diferentes.Reis portugueses individuais, por exemplo, às vezes ofereciam períodos de graça para os cristãos novos explorarem e se adaptarem à fé recém-adquirida. Houve épocas em que hindus e muçulmanos convertidos ao cristianismo ainda praticavam sua fé original, e muitas vezes eram presos em termos razoavelmente vagos, durante os quais recebiam instruções religiosas de missionários e padres e, então, eram obrigados a se reconciliar e abjurar em forma prescrita por lei. Isso, no entanto, tendeu a ser a exceção e não a regra e, como pode ser visto no trecho do manual abaixo, culpado até que se prove a inocência tendeu a ser o princípio seguido: "Depois de divulgada a Inquisição não deve haver Auto de Fé com a solenidade do cadafalso para execução de criminosos até que ordenemos o contrário; mas, como os casos dos prisioneiros são decididos, eles devem ser levados a uma igreja onde suas sentenças devem ser lidas e eles devem fazer suas abjurações. "

Em uma grande seção do manual intitulada "O Édito de Fé", são listados os tipos de ofensivas que provavelmente atrairão o interesse da Inquisição.Na maior parte, o objetivo da Inquisição era "buscar, reprimir e extirpar toda ofensa e crime de heresia e apostasia, para melhor preservação do bom costume e da pureza de nossa Santa Fé Católica". Foi decretado que todas essas investigações seriam conduzidas em privado, sem intrusão ou defesa, e que somente por ocasião de um auto-da-fé os detalhes seriam anunciados. A queimada como método de execução era usada, de acordo com o manual, para poupar a vítima do mais terrível castigo de excomunhão.

Outro artigo interessante foi aquele que define a obrigação do informante:"Se eles sabem ou ouviram que algum cristão batizado disse ou fez algo contra a Santa Fé da Igreja Católica e contra o que os Católicos Romanos defendem, crêem e ensinam, mesmo sabendo disso por segredo natural." Tendo em mente que as restrições e limitações usuais encontradas na lei comum eram completamente sem sentido sob o código da Inquisição, e que uma acusação quase invariavelmente significava tortura e morte, o terror da denúncia deve ter sido uma terrível realidade diária.

À medida que o documento prossegue listando as especificidades do que o cristão piedoso e correto deve buscar na conduta de um vizinho, torna-se claro que a rede foi lançada de forma tão ampla que pareceria impossível para um indivíduo de recente conversão ao permanecer livre de algum tipo de escrutínio. Uma dessas passagens diz: "Performando ritos e cerimônias judaicas, a saber: não trabalhar no sábado, mas permanecer vestido naquele dia como em um dia de festa, começando a observância na noite de sexta-feira; sempre se abstendo de carne de porco, lebre e coelho e peixes sem escamas e outras coisas proibidas na antiga lei; jejuar no grande dia que vem no mês de setembro e nos outros dias em que os judeus estão acostumados a jejuar; solenizando sua Páscoa; dizer orações judaicas; banhando seus mortos, vestindo-os com uma longa camisa de tecido novo, cobrindo-os com um lençol dobrado, colocando-lhes calças de linho, enterrando-os em terra virgem e em sepulturas muito profundas e chorando diante de suas mortes".

A lista se estende por várias páginas, listando em detalhes minuciosos quais eram os sinais indicativos de heresia. Um vizinho certamente poderia criticar qualquer novo cristão, não importando o quão diligentemente os velhos costumes e estilos de vida fossem postos de lado.

O Édito da Inquisição de Goa compreende outro capítulo e outra longa epístola sobre os detalhes da Inquisição indiana. Os Editos começam com esta proclamação elevada: "Em virtude da Santa Obediência e sob a sanção de punições espirituais e temporais incorridas por aqueles que desobedecem aos Mandatos Apostólicos". Posteriormente, todos os residentes de Goa, independentemente da sua origem, identificação étnica ou religião, foram ordenados a "obedecer a todos que por meio deste edital resolvamos com o objetivo de condenar e proibir para sempre os costumes referidos no preâmbulo, na forma abaixo indicada."

Exibindo um conhecimento bastante extraordinário da minúcia dos rituais hindus e muçulmanos, o documento então lista em detalhes não menos exaustivos o que pode ou não ser qualificado como heresia no comportamento de um nativo indiano.Isso novamente apresentou às pessoas com tradições mais antigas do que o Cristianismo a dura realidade de ter qualquer prática cultural não compatível com a doutrina católica obliterada: "Os mesmos nativos da Índia são por meio deste ordenados que por ocasião de seus casamentos ou outras ocasiões relacionadas, eles não devem enviar da casa da noiva ou do noivo qualquer presente de flores, folhas de bétele, nozes de areca ou fugeuos (bolos fritos) ou qualquer uma dessas coisas, para as casas dos Daijis, Gotris ou parentes ou as casas de quaisquer outras pessoas."

Depois disso, houve mais de 50 parágrafos separados, começando com as seguintes palavras: "Os ditos nativos da Índia." Cada um enumera minuciosamente a proscrição feita contra a prática hindu e muçulmana no comércio cotidiano da vida. De acordo com esse edital, e também de acordo com o que foi escrito por Charles Dellon, era exigido de qualquer indivíduo que fizesse um relatório à Inquisição sobre qualquer comportamento suspeito de que a Inquisição tomasse conhecimento no prazo de 30 dias. Deixar de fazer isso também atrairia atenção indesejada e, o edital deixa claro, uma punição terrível para qualquer indivíduo que esteja ocultando informações. Portanto, era possível para um indivíduo atrair a atenção da Inquisição por algum ato de omissão, que colocava ainda mais pressão sobre as comunidades indianas nativas sob ameaça de investigação.

Dois procedimentos judiciais foram usados. O primeiro foi o que se conhece por lei como forma de acusação, em que o promotor se compromete a provar sua acusação e aceita as consequências caso não o faça. A outra, a forma inquisitorial, é muito menos certa - onde uma denúncia é feita, seja por zelo, medo ou fé, o acusador é obrigado a não mais tomar parte no processo, e nenhuma exigência é feita a ele para provar sua acusação. Em seguida, cabia ao Inquisidor, usando os métodos à sua disposição, conforme prescrito no manual, extrair uma confissão e determinar a inocência ou a culpa. Em termos práticos, como observado acima, cabia ao acusado provar sua inocência para satisfação do conselho de inquisidores.

Não surpreendentemente, houve inúmeros exemplos de abuso do sistema. O historiador americano Henry Charles Lea, do século 19, em seu livro A History of the Inquisition of Spain, explicou: "O comércio de falso testemunho era próspero, tanto para ganho quanto para a gratificação da inimizade."

Uma carta arquivada desenterrada por Anant Kakba Priolkar, escrita em 1702 pelo vice-rei da Índia ao governo em Portugal, anotava a recente prisão de seis indianos convertidos ao cristianismo que estavam, na verdade, dirigindo um esquema de proteção exigindo dinheiro de residentes hindus sob ameaça de falsa denúncia ao Inquisidor Chefe, um certo Padre Manuel da Assunção. Não é de todo surpreendente que os cristãos tratassem os hindus dessa maneira, mas Dellon observou em várias ocasiões que os hindus denunciaram os hindus por malícia ou lucro, ou ambos.

Antes da Inquisição em Goa, e mesmo depois da sua implementação, o objetivo fundamental dos portugueses era converter os índios nativos ao cristianismo como uma questão de política ultramarina padrão, embora às vezes fosse economicamente desvantajosa.Inicialmente, sob o território controlado pelos portugueses, foi seguida uma política de destruição de templos e outros locais de culto, juntamente com a remoção de todos os símbolos públicos e expressões de religiões não cristãs. Isso, no entanto, teve apenas o efeito de dificultar a prática das religiões tradicionais, sem necessariamente estabelecer punições severas para isso. Proibições sociais e econômicas também foram impostas, o que acrescentou um incentivo à conversão.Tudo isso constituiu o fator de conversão "forçada".

O "fator de atração" era um pouco diferente. Os portugueses ofereceram o incentivo lucrativo de seu comércio para a conversão, fazendo negócios apenas com mercadores cristãos, o que naturalmente encorajou muitas famílias de comerciantes proeminentes a abraçarem pelo menos o pretexto do catolicismo. Os convertidos cristãos receberam o monopólio dos cargos públicos, as leis de herança foram alteradas e manipuladas para beneficiar os recém-convertidos e os direitos e privilégios dentro das aldeias e comunidades passaram a depender da conversão ao cristianismo. Essas foram apenas algumas das muitas vantagens sociais e econômicas disponíveis para os indianos que optaram pela conversão.

O advento da Inquisição, entretanto, tomou o que era em termos práticos uma questão de conformidade voluntária e tornou-o amplamente obrigatório.Foi a Inquisição, por exemplo, que começou a pressionar as autoridades seculares de Goa para começar a redigir e aprovar leis que discriminassem os hindus não convertidos e fazer cumprir essas leis com rigor e severidade incomuns. A Inquisição se estabeleceu na Índia no início de 1560 e, em poucas semanas, uma ordem foi emitida pelo vice-rei para o banimento de um grande número de brâmanes de Goa e dos assentamentos vizinhos. Eles receberam um mês para se desfazerem de suas propriedades. Nas semanas e meses que se seguiram, ordens semelhantes foram emitidas contra várias outras castas, cujo efeito líquido foi uma realocação em massa de hindus para além da jurisdição portuguesa.

Essas ordens foram dadas sob pressão da Inquisição e, em pouco tempo, o impacto econômico negativo foi sentido. Assim, no ano seguinte, foi expedida uma ordem convidando-os a voltar. O Vice-Rei Condoy de Redondo D. Francisco Coutinho emitiu o seguinte edital: "Ordeno, assim, que a qualquer infiel que possa regressar seja entregue a sua propriedade e que a mantenha e possua a mesma de antes". Coutinho estava obviamente tentando equilibrar as exigências do comércio (principais razões de existência da colônia) e a exigências dos fiéis fanáticos, que naquela época exerciam enorme poder sobre reis e governadores.

A questão foi para frente e para trás por décadas, com os brâmanes em particular sendo expulsos e solicitados a retornar várias vezes durante os sucessivos reinados de reis, vice-reis e inquisidores. Na virada do século 17, os hindus em Goa viviam sob uma proibição geral que os impedia de realizar qualquer rito religioso. Sob o vice-rei Conde de Vidigueira, certas famílias hindus proeminentes pagaram pelo direito de praticar sua fé secretamente, mas isso também pode ser muito perigoso.

À medida que o século 17 avançava, as restrições contra a prática pública de qualquer cerimônia ou ritual hindu tornaram-se cada vez mais severas, e a crueldade com que a Inquisição fazia cumprir as várias leis e declarações levou a uma migração constante de hindus para fora do território português.

«A Inquisição, este tribunal de fogo, lançado à superfície do globo para o flagelo da humanidade, esta instituição horrível, que eternamente envergonhará os seus autores, fixou o seu domicílio brutal nas férteis planícies do Hindustão.Ao ver o monstro, todos fugiram e desapareceram, Moguls, Árabes, Persas, Armênios e Judeus. Os indianos ainda, mais tolerantes e pacíficos, espantaram-se ao ver o Deus do Cristianismo mais cruel que o de Maomé, abandonando, assim, o território dos portugueses e indo para as terras dos muçulmanos, com quem o tempo tornara possível uma vida pacífica, apesar do fato de que eles (indianos) receberam deles males enormes e incalculáveis. Desta forma, os campos e as cidades ficaram desertos como hoje estão Diu e Goa'.

Atendendo à grande distância que separa o Portugal metropolitano da Índia, e aos atrasos de comunicação que daí decorrem, é inevitável que sucessivos vice-reis comecem a acumular significativa autonomia e a exercer enorme poder discricionário sobre os súditos da Coroa. O mesmo acontecia com inquisidores individuais, então, quando havia uma tendência de abusar do poder de qualquer um dos cargos, havia pouco alívio a ser obtido localmente. Por esta razão, hindus abastados passaram a dirigir as suas petições diretamente ao rei, e no início do século 18, Dom João V da Sereníssima Casa de Bragança. Ele recebeu várias petições e escreveu sobre elas a seu vice-rei: "Fui informado então que quando certos hindus que vivem em meus domínios se casam, eles realizam certas cerimônias hindus e que, como resultado, apesar de tais cerimônias serem realizadas em segredo e sem ofendendo os católicos, eles são presos e punidos pela Inquisição. "

João V

O vice-rei foi obrigado a investigar e apresentar um relatório, mas as autoridades praticamente não investigaram.Afinal, investigar a Inquisição trazia consigo muitos riscos, pelo que uma carta foi devolvida à corte de D. João V informando-o de que não existiam tais excessos por parte da

Inquisição.

Embora seja difícil quantificar os excessos de uma organização dedicada ao sigilo absoluto, não há dúvida de que a Inquisição portuguesa tinha poderes para infligir torturas e punições que hoje desafiam a crença. Os excessos cometidos sob o pretexto de piedade cristã eram quase certamente uma ocorrência diária, e Dellon escreveu que era frequentemente vítima de torturas: "Durante os meses de novembro e dezembro, todas as manhãs ouvi os gritos daqueles a quem foram administradas torturas, e que foram infligidas com tanta severidade, que vi muitas pessoas de ambos os sexos que foram aleijadas por ela, e, entre outras , o primeiro companheiro atribuído a mim na prisão. "

Não havia nada de novo sobre o uso da tortura como expediente para extrair uma confissão em que as evidências eram incompletas, conflitantes ou defeituosas .Uma vez que tal confissão foi obtida, no entanto, a Inquisição não condenou por sua própria vontade um indivíduo à queima, mas simplesmente declarou-os hereges sem esperança de conversão autêntica, após serem separados da igreja e abandonados ao ramo secular da o judiciário para punição. A autoridade secular era obrigada por lei e convenção a executá-los, e geralmente isso acontecia de acordo com um apelo da Inquisição para que nenhum sangue fosse derramado. A queima de um indivíduo teoricamente era sem sangue e considerada necessária para poupar o indivíduo do horror do tormento eterno no Inferno.

Nesse ínterim, uma pessoa acusada de heresia que negou foi rotulada de negativo. Como consequência, tal pessoa era considerada um herege impenitente e, portanto, condenada ao mesmo destino.

De acordo com as diretrizes escritas, a tortura só era permitida quando a denúncia era considerada suficientemente autêntica, mas não existiam provas concretas. Cabia ao arbítrio dos inquisidores individuais determinar a veracidade das denúncias, e a tortura era geralmente "exigida" no caso de um dimininuto, rótulo para um indivíduo cuja confissão não necessariamente satisfazia as evidências. Visto que nenhuma confissão seria aceita sem a indicação de nomes e implicações adicionais, mais formas de tortura para obter essas informações poderiam facilmente seguir a tortura aplicada para obter a confissão inicial. A retratação ou indecisão sobre a questão da confissão em todos os casos exigia tortura para reconciliar a contradição. A tortura de testemunhas também foi permitida, embora não fossem elas que estivessem em julgamento. Como resultado, ser chamado como testemunha continha o mesmo horror potencial que uma acusação de heresia.

Em reconhecimento do potencial inevitável para o abuso da tortura, as formalidades associadas a ela foram cuidadosamente codificadas no Manual de Regulamentos em um capítulo intitulado "Como proceder com os acusados que devem ser submetidos à tortura e na execução da pena de tortura." Normalmente, a decisão de aplicar a tortura foi tomada por um voto dos juízes após a conclusão de que as provas eram inconclusivas, e o julgamento foi adiado até que o resultado fosse conhecido. O acusado tinha certos direitos neste ponto, embora raramente ele ou ela fosse informado com antecedência sobre a decisão de aplicar a tortura. O acusado poderia, por exemplo, oferecer uma nova confissão ou reforçar sua evidência original ou apelação.Se nenhuma delas obtivesse sucesso ou o acusado se abstivesse de qualquer apelação ou confissão adicional, ele ou ela era levado para a câmara de tortura.

Ali, no momento da execução da sentença, era exigida a presença do ordinário episcopal ou de algum outro deputado nomeado. Normalmente, dois inquisidores, ou um inquisidor e um deputado nomeado, também estavam presentes. Em todos os casos, uma decisão tomada por meio de tortura era aprovada em votação. A pessoa ou pessoas que aplicam a tortura eram geralmente médicos ou cirurgiões destacados para o processo em condições de sigilo absoluto. Um registro do processo era mantido por um notário, cuja função era, em nome da Inquisição, declarar à infeliz vítima que caso morresse ou sofresse lesão permanente em decorrência do que estava para acontecer, era o culpa da vítima.

Durante a tortura, as únicas palavras ditas ao acusado foram "Diga a verdade". Segundo Henry Charles Lea, "O tabelião registrou fielmente tudo o que se passou, até os gritos da vítima, suas exclamações desesperadas e seus apelos lamentáveis por misericórdia ou para ser condenado à morte, nem seria fácil conceber algo mais adequado para despertar a mais profunda compaixão do que aqueles relatos de fatos a sangue frio. "

Nem é preciso dizer que as confissões quase sempre eram extraídas, pois o apelo para dizer a verdade obviamente significava que o acusado tinha que apresentar uma verdade que fosse aceitável para os inquisidores. Novamente, um notário deveria estar presente para fazer anotações detalhadas de cada procedimento, e dezenas de milhares deles existem em julgamentos e torturas conduzidos em todo o âmbito do Santo Ofício. Em muitos casos, a vítima apela freqüentemente por alguma indicação do que ela pode dizer para satisfazer os inquisidores, que simplesmente continuam a exortá-los a dizer a verdade.

O padre jesuíta Spee, que acompanhou quase 200 vítimas à fogueira, fez isso acreditando que todos eram inocentes. Em 1631, publicou anonimamente Cautio Criminalis, que se queixava: "Por que procuramos tão diligentemente os feiticeiros? Eu vou te mostrar imediatamente onde eles estão. Pegue os capuchinhos, os jesuítas, todas as ordens religiosas e torture-os - eles vão confessar. Se alguns negarem, repita algumas vezes - eles vão confessar.Se alguns ainda forem obstinados, exorcize-os, depile-os; eles usam feitiçaria, o diabo os endurece, apenas continuam torturando - eles cederão. Se você quiser mais, pegue os Cânones, os Doutores, os Bispos da Igreja - eles vão confessar. Se você quiser ainda mais, vou torturar você e depois você a mim.Vou confessar os crimes que você terá confessado, e assim seremos feiticeiros juntos."

Os métodos de tortura variaram no âmbito das Inquisições portuguesa e espanhola. Uma das formas mais comuns era o potro ou strappado, o princípio simples de amarrar as mãos da vítima atrás das costas e içá-las com ou sem pesos para mantê-las suspensas pelo tempo que fosse necessário. Normalmente, eles permaneceriam suspensos pelo tempo que levasse para ler o salmo Miserere três vezes e, na falta de uma confissão, eles seriam abaixados para que pesos pudessem ser adicionados.

Vários tipos de tortura com água eram comumente aplicados, junto com dispositivos medievais comuns como o rack e o parafuso de dedo, trituradores de perna que eram martelados nas pernas das pessoas para quebrar ossos ("Botas espanholas") e rodas com pontas de ferro sobre as quais as vítimas eram puxadas com pesos em seus pés. Outros foram submetidos a óleo fervente ou enxofre, cadeiras pontiagudas e uma série de outros dispositivos terrivelmente criativos. A experiência costumava ser tão eficaz que as pessoas estavam preparadas para serem condenadas como hereges, em vez de sofrer repetições.

Uma representação de botas espanholas

Uma representação contemporânea de uma vítima sendo suspensa

Os métodos e protocolos de tortura foram em sua maioria padronizados em todo o espectro da Inquisição, mas a maioria dos historiadores concorda que a Inquisição de Goa ganhou a reputação de ser a mais cruel e impiedosa da cristandade. A razão disso tem preocupado os sociólogos desde então, mas a distância da sede metropolitana do governo e o sentido subliminar de lidar com uma raça inferior talvez contribuam para os extremos. A Inquisição indiana puniu hindus e outros não cristãos que, de alguma forma, obstruíam as conversões missionárias ou violaram uma ou outra lei dirigida contra eles e sua religião. Os não cristãos geralmente eram poupados do auto-da-fé, mas frequentemente eram açoitados, presos ou mandados para as galés.

Tudo isto aconteceu no "Palácio da Inquisição de Goa", situado na Praça da Sé de Goa adjacente à Sé Catedral, nas margens do Rio Mandovi. O edifício foi descrito pelo historiador do século 19 Miguel Vicente de Abreu, na Narração da Inquisição de Goa: "Como o palácio de Sambaio estava desocupado, o tribunal da Inquisição, cujo estabelecimento na Índia foi decretado em 1560, foi nele instalado. Com o passar do tempo, a Inquisição fez as alterações em seu interior que eram necessárias para sua função - uma capela, e hall de entrada, e sala de audiências, uma sala onde eram realizados os julgamentos, residência do Primeiro Inquisidor, casa secreta, casa de doutrina e inúmeras outras prisões e casas, algumas comuns e outras destinadas a fins secretos especiais, como a casa de penitência, prisão perpétua, a casa de tortura, etc. - tudo dentro de um grande edifício cuja parede externa tinha sete palmos de espessura ."

Outras descrições mais íntimas do mesmo edifício descrevem um interior sombrio de masmorras não iluminadas onde os homens jaziam na escuridão perpétua, seus membros tão confinados que não podiam se mover. Eles residiram lá por semanas, meses ou anos em seus próprios excrementos e lixo.

Um relato detalhado escrito em 1808 pelo Dr. Claudius Buchanan, membro da guarnição britânica em Goa, chegou a Londres e gerou pressão sobre o governo português para pôr fim à Inquisição. O que Buchanan descreveu foi uma cena medieval que estava certamente em descompasso com o avanço do Iluminismo na Europa. A essa altura, é claro, as instituições já estavam todas em declínio e o Palácio da Inquisição em Goa estava em ruínas. Em 1812, com uma guarnição britânica estacionada em Goa portuguesa e a mudança de poder no subcontinente inclinando-se cada vez mais a favor dos britânicos, um despacho chegou a Goa vinda do Rio de Janeiro, no Brasil. Foi uma recomendação da embaixada britânica que a Inquisição fosse encerrada.

O Doutor Claudius Buchanan foi um teólogo escocês e ministro ordenado da Igreja da Inglaterra. Ele também foi um missionário evangélico da Sociedade Missionária da Igreja.

Só daqui a oito anos a Inquisição portuguesa seria encerrada, mas durante esse tempo, o Palácio da Inquisição em Goa ficou vazio. Os planos foram brevemente elaborados para que fosse dado algum uso secular, talvez como o palácio do vice-rei, mas no final, foi acordado que deveria ser demolido. O edifício foi destruído entre 1828 e 1830. Como disse um escritor: "Os destroços permaneceram no local até serem removidos em 1859, por ocasião da exposição do corpo de São Francisco Xavier. Os trabalhadores que foram empregados em sua remoção descobriram uma escada subterrânea e ossos humanos enterrados sob um grosso pedaço de chumbo em forma de baleia ou de barco ".

Os Efeitos da Inquisição

No geral, a fé dominante na Goa portuguesa era hindu, com as várias seitas comandando a devoção de mais de 70% da população de Goa e arredores. Uma vibrante minoria muçulmana coexistia com a maioria hindu, com muitos deles originários do Golfo Pérsico e da Península Arábica. Alguns estavam associados à costa do Malabar por causa das antigas rotas comerciais que ligavam a Índia Ocidental aos mercados de especiarias da Europa. Os budistas residiam em menor número, e os judeus sefarditas eram uma presença fortificada nos anos anteriores à implantação da Inquisição na Índia por um fluxo constante de refugiados religiosos.

Mesmo antes da chegada da Inquisição, os portugueses impuseram uma longa lista de proscrições e restrições à vida e às práticas religiosas hindus, que iam desde proibir artesãos hindus de produzirem artefatos cristãos até a assunção automática da custódia de crianças hindus órfãs por missionários jesuítas. Periodicamente, eram realizados expurgos, durante os quais templos e santuários eram destruídos. Em todos os aspectos da vida pública, os cristãos tinham prioridade sobre os hindus.

Nada disso era particularmente inédito na época, pois em todas as colônias portuguesas e espanholas, o mesmo excesso de zelo católico acompanhava a atividade missionária. A diferença na Índia era que os indígenas não constituíam uma população de caçadores-coletores, como era o caso do Brasil, que logo sucumbiria a doenças estrangeiras. Ao contrário dos escravos que eram tirados de territórios africanos, os índios eram alfabetizados e educados, e os portugueses lá tinham que lidar com pessoas que mantinham tradições antigas. Por sua vez, os índios viam os portugueses como uma cultura inferior, mas graças à superioridade tecnológica, os portugueses detinham os meios de repressão.

Embora os diferentes relatos variem em detalhes, acredita-se amplamente que os hindus, praticantes ou convertidos, representaram o maior número de vítimas da Inquisição indiana. Segundo o historiador português António José Saraiva, autor de A Fábrica de Marrano: A Inquisição Portuguesa e os seus Cristãos Novos 1536-1765, 74% dos condenados pela Inquisição de Goa foram acusados de cripto-hinduísmo, em comparação com pouco mais de 1% condenado por ser cripto-muçulmano e cerca de 1% condenado pelo crime de obstruir a Inquisição de alguma forma.

A maior parte dos registros da Inquisição de Goa foram destruídos, mas os de 1782 a 1800 sobreviveram, e eles indicam que mesmo naquela data tardia a tortura e a execução eram comuns, ainda por meio da queima viva. Os registros também sugerem que a maior porcentagem de vítimas eram hindus. Como observou uma obra: "Esta foi a terrível Inquisição.Os padres da igreja proibiram aos hindus, sob terríveis penas, o uso de seus próprios livros sagrados e os impediram de exercer qualquer religião. Eles destruíram seus templos e assediaram e interferiram com o povo que abandonaram a cidade em grande número, recusando-se a permanecer em um lugar onde não tinham liberdade e eram sujeitos a prisão, tortura e morte se adorassem depois sua própria moda os deuses de seus pais. "

Os ataques contra budistas ocorreram com maior intensidade no sul da Índia e no Ceilão, onde essa fé era mais difundida. Não existem registros confiáveis de um ataque sistemático ao budismo pela Inquisição, principalmente porque nenhum capítulo da Inquisição foi estabelecido no Ceilão e muito poucos budistas residiam em Goa. No entanto, a hostilidade expressa contra os budistas no sul da Índia foi motivada pelo mesmo tipo de zelo religioso inspirado pela Inquisição e pode ser datada da chegada da Inquisição às costas indianas.

No século 16 , quando a preocupação dos portugueses continuava a ser o comércio, Goa gozava de fama de tolerância e liberdade religiosa, e foi por isso que as ondas de judeus sefarditas que chegavam à costa indiana encontraram um refúgio próspero e pacífico. Imediatamente após a chegada da Inquisição, no entanto, essa atmosfera de tolerância para com os judeus desapareceu.

Os judeus, apresentados em correspondência oficial como cristãos novos, eram obrigados, no mínimo, a praticar sua fé em segredo, enquanto os mais prudentes entre eles anunciavam publicamente sua conversão ao cristianismo. Os judeus não convertidos eram tratados com hostilidade aberta e os cristãos novos eram vistos com profunda suspeita. Eles também foram marginalizados e marginalizados e, com o tempo, foram ativamente perseguidos pela Inquisição. Na verdade, de acordo com alguns registros, seu tratamento nas mãos da Inquisição foi o mais cruel, influenciado por antigas inimizades na Europa. No início da Inquisição, uma proibição geral foi emitida contra qualquer entrada de judeus na colônia e, compreensivelmente, muitos fugiram inteiramente da colônia quando a Inquisição começou.

Outra característica interessante da Inquisição na Índia foi uma tendência ocasional da Inquisição de visar missionários e emissários cristãos de países fora de Portugal. Assim, as autoridades perseguiram os católicos franceses (o exemplo mais notável deles foi Charles Dellon) e os protestantes ocasionais desafortunados o suficiente para encontrarem seu caminho nas mãos da Inquisição.

Mais uma vez, embora não existam registros definitivos, a Inquisição estava ativa em algum nível no Ceilão, no moderno Sri Lanka, onde os portugueses ocuparam a terra entre 1506 e 1658, mas a maioria das atrocidades infligidas contra as comunidades hindu e budista na ilha foram o resultado de ações não necessariamente relacionadas à Inquisição. Seria bastante lógico que a Inquisição tenha passado por todos os principais assentamentos portugueses nas costas de Malabar e Coromandel, mas, novamente, não existe nenhum registro específico disso.

Faltam detalhes específicos sobre os números envolvidos na Inquisição, mas de acordo com os relatos mais confiáveis, entre 1561 e a suspensão temporária da Inquisição em 1774, 16.202 indivíduos tenham sido levados a julgamento. Isso não leva em consideração os muitos que não foram a julgamento por causa de mortes causadas por tortura ou maus-tratos.A acreditar em Charles Dellon, 70% das pessoas levadas a julgamento foram executadas. Os documentos da Inquisição que sobreviveram afirmam que 57 foram executados e 64 foram queimados em efígies após morrer durante o processo. Obviamente, esses números são totalmente imprecisos.

Talvez o legado mais duradouro do uso da Inquisição pelo Império Português seja a força da Igreja Católica tal como existe hoje na Ásia, embora tenha experimentado um declínio constante nos últimos anos. Os portugueses também foram creditados com inúmeros outros dons e avanços na Ásia. A primeira faculdade moderna de medicina da Ásia, por exemplo, a Escola Médica Cirugia de Goa, foi fundada pelos portugueses em Goa no início do século 19. Da mesma forma, no interesse da conversão, os portugueses introduziram a primeira máquina de impressões na Ásia, bem como um sistema de lei padronizado e codificado. Eles também trouxeram um estilo elegante de arquitetura que se fundiu com o estilo indiano local.

No entanto, nem é preciso dizer que os custos eram muito altos. A supressão das línguas, a tentativa de erradicação de uma religião inteira e a repressão brutal de um povo que às vezes beirava a limpeza étnica dificilmente pode ser esquecido. A Inquisição portuguesa não era exclusiva da Europa ou da Ásia, mas a Inquisição em Goa não ganhou fama de mais violenta e impiedosa por nada. Além disso, mesmo após a abolição da instituição em 1812, o negócio da perseguição religiosa na Índia e territórios aliados continuou.

No final, os portugueses perderam terreno na Índia para os britânicos e, em meados do século 19, os portugueses só permaneceram presentes na Índia graças à indulgência dos britânicos. Sob o domínio britânico, a liberdade religiosa era protegida por lei, e enquanto o cristianismo continuava a florescer em Goa e em alguns outros lugares, a dinâmica religiosa essencial na Índia voltou aos números desiguais entre hindus e muçulmanos, com o budismo representado apenas aqui e ali. Os problemas que este desequilíbrio representam ainda podem ser vistos entre a Índia e o Paquistão no século 21.

Fontes da Web

Outros livros sobre a história do Catolicismo por Charles River Editors

Outros livros sobre a Inquisição Portuguesa na Amazon

Bibliografia

Richard Zimler. " Guardian of the Dawn " (Delta Publishing, 2005)

Benton, Lauren. Law and Colonial Cultures: Legal Regimes in World History, 1400–1900 (Cambridge, 2002).

Hunter, William W. The Imperial Gazetteer of India (Trubner & Co, 1886).

Priolkar, A. K. The Goa Inquisition (Bombay, 1961).

Sakshena, R. N. Goa: Into the Mainstream (Abhinav Publications, 2003).

Saraiva, Antonio Jose. The Marrano Factory. The Portuguese Inquisition and Its New Christians, 1536–1765 (Brill, 2001).

Shirodhkar, P. P. Socio-Cultural life in Goa during the 16th century.

Livros Gratuitos da Charles River Editors

Temos diversos títulos totalmente gratuitos todos os dias. Para ver os títulos gratuitos disponíveis no momento, clique neste link.

Livros com Descontos Especiais da Charles River Editors

Temos títulos com descontos especiais no valor de apenas 99 centavos todos os dias! Veja os títulos disponíveis com este desconto clicando neste link.